シンプル投資のすすめ

30代で100万円からはじめる株入門

元毎日新聞記者
野田 恭

亜紀書房

30代で100万円からはじめる株入門

はじめに――30代にこそふさわしい、「育てる投資」という発想

●「ゆっくり、確実に」が基本

この本は、先に出版した『会社を辞めて株で生きるボクは102勝22敗』に続くものである。前の本で私は、「借金投資はしない」「信用取引は行わない」「投資は自己責任で」「中長期投資を目指そう」などといった方針を提案した。もちろんこれらの方針は、本書でも同様である。

この本では、こうした方針を前提に、一つの投資スタイル(ライフスタイルと言ってもいいかもしれない)を提案している。それがタイトルで言う「30代で100万円からはじめる株入門」である。

デイトレーダー諸氏による超短期売買、信用取引の流行など、全国3400万人(2004年3月末現在、全国証券取引所調べ。ただし、この数字は延べ人数である。だから実際の投資家数は1000万人弱と思われる)に上ると言われる個人投資家の投資手法はさまざまだが、私は前述の通り、「ゆっくりと、(できれば)確実に」を投資方針として信奉する一人である。

投資方針として、あるいは経営スタイルとして、同様の方針を掲げる先達も少なくなく、私は勝手に大変励まされている。読み聞きした範囲でも、たとえば米国トップクラスの資産家で「世界最高の投資家」とされるウォーレン・バフェットは「せっかちにならず健全な投資を追求すれば、誰でも大きな資産を築けると私は考えています」（『ウォーレン・バフェット　自分を信じる者が勝つ！』ダイヤモンド社）などと言っているし、米国金融界の重鎮で名著『ウォール街のランダム・ウォーク』（日本経済新聞社）の著者、バートン・マルキール教授は「ゆっくりと、しかし確実に金持ちになる」といった投資方針の有効性を指摘している。

焦らず、健全な投資をする

企業経営者を見ても、故松下幸之助さんは経営トップに就任した後輩の経営者に「何事もいっぺんに二階には飛び上がれまへんで」と、ゆっくりじっくりの経営極意を伝授しているし、先ほど亡くなった日本マクドナルドを創業した藤田田さんは戦後来日したユダヤ人商人に教えられた、「いきなり大きな商売をしようと思うな。コツコツと小さなことを積み重ねていくことが大事だ」というビジネスの教えを終生大事にしていた。

●「小さく生んで、大きく育てる」投資

私自身のことを言うと、出版社を辞めた後、家業などに従事した。株式投資を始めたのはこの頃である。

〈投資の原則〉
①借金をしない
②預貯金の金利より効率よく運用する

大学卒業後、それまで15年くらい働いた結果として、手元には小さなファミリー向けマンションが買える程度の資金があった。銀行などに預けていたが、会社を辞めた事情などもあり、このままでは物足りないように思われた。この資金をどう活用するか。いろいろ考えた結果、思いついたのが株式投資だったというわけである。

もっとも、それまで株式投資の経験はまったくゼロの「ど素人」。そして、なにより虎の子の資金だから、株式投資で運用するにしても、あまり危険な状況にその資金をさらすことは可能な限り避けたい。それで原則として考えたことは、

①投資を行った結果、最悪の事態でも、持っている資金以上の赤字は出さない（つまり、信用取引などを行って借金を抱えるといった事態は絶対避ける）

②できる限り預貯金の金利よりも効率よく運用する

――ということだった。

そしてこの原則に基づく運用法として、いろいろ本なども参考にして得た結論が、「ゆっくり、じっくり」型の投資だった。

株式投資を始めたのは１９９７年夏だったから、以来7年の歳月が経ったことになる。結果は、と言えば、残念ながら元の資金を5倍、10倍にするといった大勝利とはいかなかった。この間、都銀や証券会社が相次いで破綻する深刻な金融危機があり、私にはほとん

ど無縁だったITバブルがあり、ポストバブルの株価大低迷（日経平均は一時7600円台にまで下げた）も長かった。日経平均で見ても投資を始めた97年8月頃は1万9000円前後だったが、現在（04年9月）は1万1000円どころを上下している。40％を超える下落である。投資の間、どちらかと言えば、順風より逆風の時期の方が多かったような気もする。

7年でほぼ2倍を達成

ただそれでも損切りは経験したが、資金的に破綻することなく、もちろん借金も作らず、よろよろしながらもなんとか元の資金を2倍程度に膨らますことはできた（前著では、この間のすべての売却事例を公開、またこの本でも3章で主要な取引を紹介している）。年率（複利）にして10％強。決して大成功とは言えないが（もっとうまく運用したという投資家、あるいは読者の方もきっといらっしゃると思う）、当初の目標である「預貯金の金利より効率よく」は十分に実現できたという意味では、それなりの結果という思いもないわけではない。

●投資は結構面白いし、夢が持てる

この投資体験をとりあえず振り返って思うことは、ずいぶんと苦心もしたが、投資は結構面白いし、夢が持てる、ということだった。

株式投資というと一般に、大儲けする少数の成功者がいる一方で、少なからぬ人が失敗

して借金を抱えてしまうといったネガティブなイメージがある。だから方針として株式投資はゼッタイしないという人も少なくない。しかし株式投資はやり方次第で、決して一方的に恐ろしいものでも、危険なものでもないはずである。一か八かに賭けたり、ばくち的に行えば大変なリスクがあることは事実だが、自分の欲を極力セーブして、リスク管理して行えば、決してそんなに恐ろしいものではないと思う。ときどき、株式投資を行っている人の中には「(株価下落等のリスクで)怖くて夜も眠れなかった」と言う人がいるが、少なくとも私は「怖くて眠れない」ということは7年間で一度たりともなかった(何回か、鳥肌が立つような緊張は味わったが)。

●「ゆっくり投資」にふさわしいビジネスピープル

さて、私も行ってきた「ゆっくり、じっくり型の投資」。この方針で投資を行う場合、どんな人が一番有効かということをよく考えるのだが、私の感想は30代(あるいは40代)のビジネスマンの方々ではないか、というのが結論なのである。

株式投資というと、どうかすると、お金持ちが行うこととか、あるいは資金的にも時間的にも余裕がある、やや高齢の方々が行うものという印象もあるが、私は必ずしもそうではないと思う。

ゆっくりと長期的な観点から投資を行うのだとしたら、仕事に忙しい、働き盛りの、しかしいろいろ物入りも多く資金的にはあまり十分とは言えない30代の人たちこそ、ふさわしいのではないかと思えるのである。ゆっくりと確実に、10年～30年と続ける構えで、無理のないレベルの資金で行えばよいのだから。つまりこの世代の多くの人たちがやっている子育てと同じ。「育て上げる」という発想である。

また時あたかも、年金改革の動きが進んでいる。この動きは現役世代の負担が重くなる一方で、将来の受け取り額も減らす方向が鮮明になっている。しかも、この案でさえも見直しが言われるなど、不透明感がある。今の現役世代は、この「年金不安」という観点からも、自助努力ということを意識せざるをえない立場にあると思う。

この本は、こんな考えを中心に据えて書いたものである。

時代の流れは銀行頼りの間接金融から、直接金融を活用する方向に傾いている。家計も同様だろう。中長期的に資金の流れは預貯金から株式や債券をより活用する方向に移行するはずである。欧米では、この傾向はすでに顕著になっている。日本でも同様の傾向になることは確実と思える。リスクとどう向き合うか。この本を30代のビジネスマンの方々の参考材料、あるいは考えるきっかけにしていただけたらありがたいと思っている

実践者の立場でアドバイス

それと、私は株式投資の評論家や理論家、研究者ではない。一個人投資家である。だからこの本は、個人投資家として実践者の立場から、感想や手法を述べていることも付言しておきたいと思う。

Contents

30代で100万円からはじめる株入門

目　次

1章 「30代に株」を勧めるこれだけの理由

余裕のない世代に、なぜ株を?

2章 「買い」と「売り」の最良ポイント
30代投資家が知っておくべき投資法

1章

「30代に株」を勧める これだけの理由

余裕のない世代に、なぜ株を?

良雄「この先、なにが出来るんだろう。毎日毎日、こんなことしてて、これで年とっちまうだけかよ、俺の人生これだけかよって。…(薄く苦笑して)この齢になっても、時々、すげえ不安になったり、焦ったり――でも、結局、目先の仕事忙しいしな。それほうり出す勇気もないし、ほうり出しても、なにかあるような気もしない。なにか出来そうな気もしない」

(山田太一氏のドラマ脚本「ふぞろいの林檎たち　パートⅣ」より)

物入りの30代でも株投資

●経済的な負担が大きい世代

会社勤めならば入社して10数年、多くの人は係長か課長クラス、あるいはうまくいくと部長クラスに昇進しているケースもあるかもしれない。ビジネスマン（ウーマン）として脂が乗った年代で、会社の中核として活躍している年代と思う。家庭を見ると、一般的には結婚して、子どもを持ち、その子どもも成長し、ちょっぴり生意気にもなる年頃。

何割かはマイホームも購入し、働き出してから貯めたお金は頭金でほとんどが消え、ローンの負担がズシリと重い…という人も少なくないだろう。マイホームを買っていない人も、男性の場合なら愛妻ドノにオドされ、子どもにせがまれ、やれやれと思い悩みながらも、賃貸を継続するか、それともここで一念発起してマイホームを買うか、思案のしどころといったところかもしれない。

こんな30代。やりがいも感じており、社会的な信用も深まるが、一方でさまざまな負担も感じている年代。とくにこの本でテーマとしたい経済的な諸問題は、より切実になる年

表1――現在の証券投資の有無

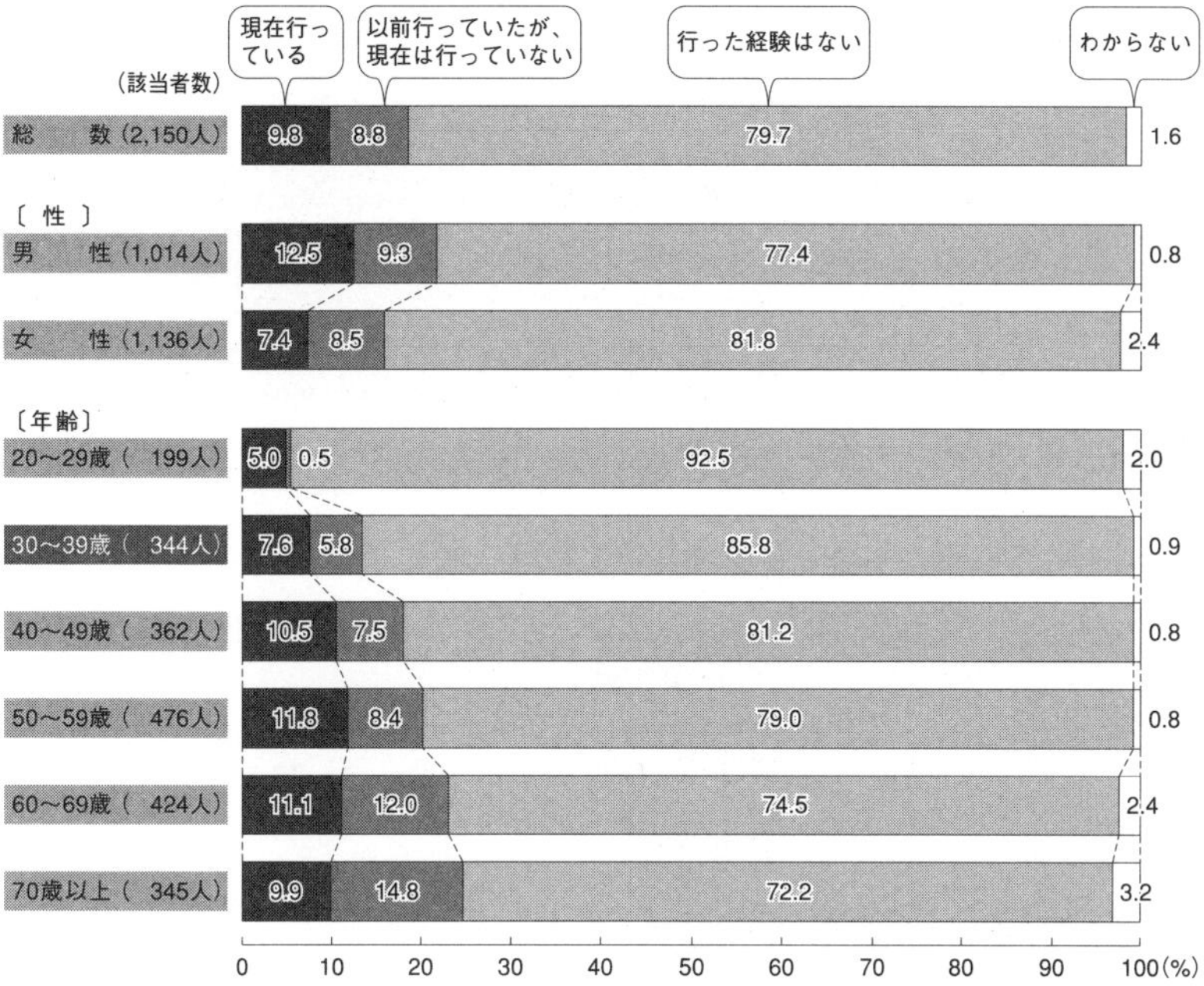

内閣府「証券投資に関する世論調査(平成14年)」より

代だろう。

●30代で株、買いませんか?

現在の30代が、どのくらいの割合で株式投資を行っているか。このあたりを探った内閣府の調査がある。「証券投資に関する世論調査」(平成14年5月実施)である。これによると、30代(30～39歳)で「現在、証券投資を行っている」と答えた人の割合は7・6%だけ(「以前行っていたが、現在はしていない」は5・8%)。「経験なし」が85・8%を占めて圧倒的な大多数となっている(表1)。

この調査では、株式投資を行わない理由も聞いている。これによると、「知識がない」(33・3%)、「損失のリスクがある」(32・5%)、「まとまったお金が

表2――「株式投資を行うつもりはない」と考える理由

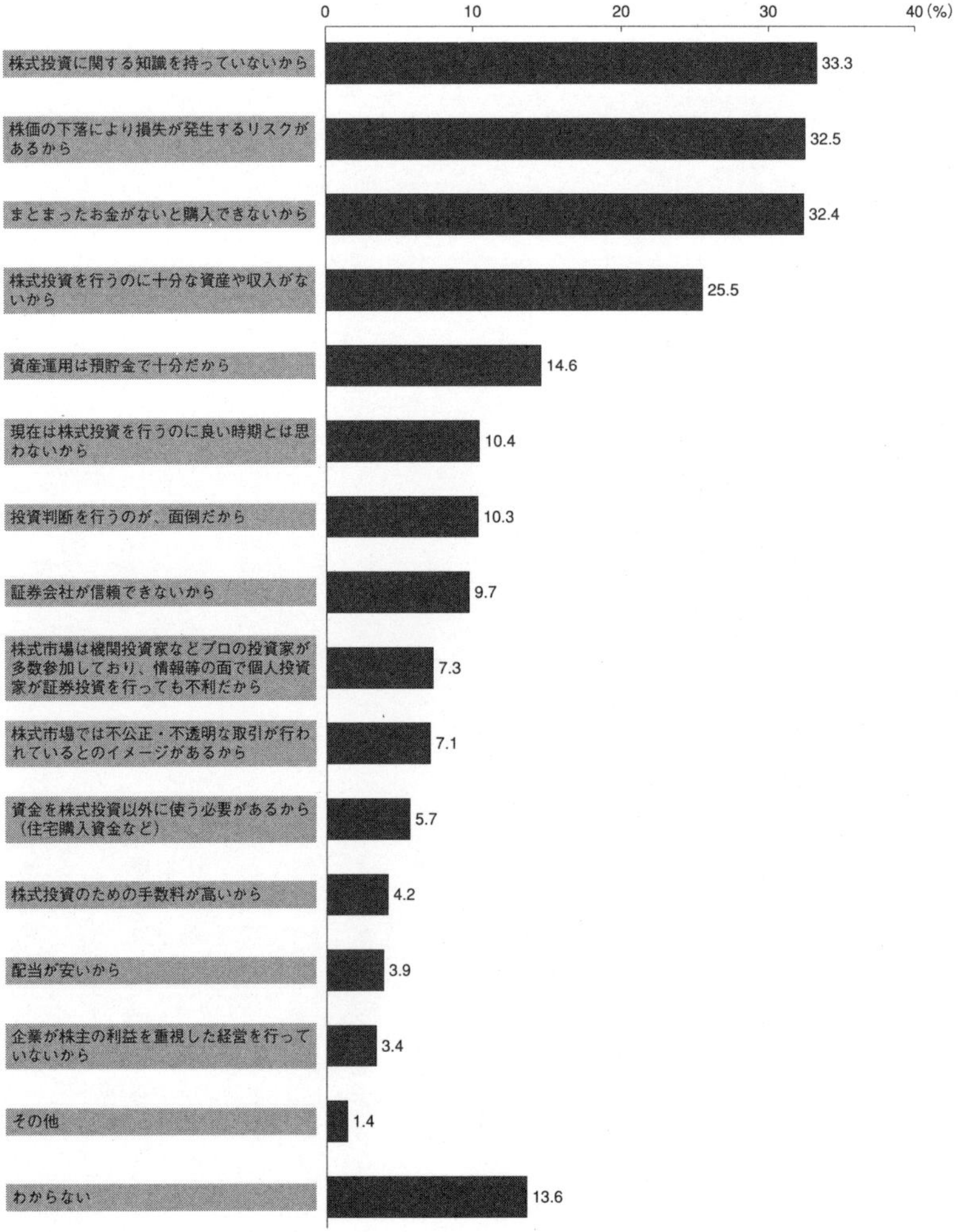

（複数回答）

「証券投資に関する世論調査（平成14年）」より

ないと購入できない」（32・4％）、「十分な資産や収入がない」（25・5％）が上位を占めた（表2）。

「株を買えない（あるいは、買わない）」理由として、資金的な事情に加えて、株など複雑でよく分からないという人も多い。結果として、大きく損失を出してしまうかもしれないという不安、あるいはだまされてしまうかもしれないという不信――。

さらに30代は「仕事などで忙しく、それどころではない」という事情もあるだろう。「投資にうつつを抜かすより、仕事に精を出すべき」という、極めて真っ当な仕事の倫理観をお持ちの人も少なくないと思われる。

これらの不安、不信、倫理観など、いずれもよく分かる。そして一面、その通りとも言える。だから（こんな本を書こうとしていて、こういう言い方は矛盾するようで申し訳ないが）「投資を行わない」という選択も、実は「あり」なのである。だが、こうした選択肢を提示した上で、それでも私はあえて言ってみたいのである。「30代で株、買いませんか」と。なぜか――。

勧める理由①——最大の武器は「時間」

「30代で株を買う」ことをススメる理由はいくつかあるが、最も大きな理由は「時間」というテーマである。

株式投資で成功する確率を高めるためには、何といっても「時間」がポイントになる。たとえば退職前後、60歳ぐらいになってから多少の資金ができて「さて、どうしようか。年金もあてにならないし。ひとつ株式でもやってみるか」と考えても、いろいろな意味で困難が一般的には予想される。

一つは、知識の問題。投資を行うには、やはりそれなりの知識、経験が必要である。決して脅すつもりはないが、知識のなさは取り返しのつかない損失につながりかねない、ということは実際ある。

また高い年齢で投資を行うと、どうしても短期勝負に傾きがちになるということもあるだろう。たとえば60歳の人に、20年後を見据えて投資を、と提案しても、ご本人に魅力的に映るだろうか。一般的に（あくまで一般的の話である）、短期勝負は中長期投資に比べて危険度が高くなる傾向がある。大切な資金運用が、場合によっては投資（investment）でなく、投機（speculation）やギャンブル（gambling）の傾向を帯びてくる可能性もある。

しかし30代で投資を始めたならば、たとえば60歳をメドにした場合で20年以上、また70歳までならば30年以上の時間的余裕がある（ちなみに投資というビジネスに定年はない）。もちろん時間ですべてのリスクを回避できるわけでは決してないが、投資を行う上で「20～30年」という持ち時間は、運用の安定性という観点から結構大きな意味を持つ。

勧める理由②
数字が示す「株で夢を実現」の可能性

株式投資をオススメしたい基本的な理由として、「夢が持てる」ことを指摘しておきたい。もちろん30代のビジネスピープルとして、勧めている会社の役員になる、あるいは社長になるという「立身出世」のターゲットは大切だが、これとは別に「株式投資で資産の長期的成長を目指す」という目標もなかなか楽しい、夢のあることである。

普通預貯金、定期預金、投資信託、個別株投資、あるいは不動産投資、金投資、商品取引など――。資金の運用方法はいろいろあるが、リスク・リターンの関係や市場の透明性などを考慮すると、株式投資は最も合理的な運用手段の候補であると私には思えるのである。

●投資の収益率、20年超えれば平均5％超

さて、これに関連して大前提として一度確認しておきたい基本がある。何かというと、株式投資は本当に有利な投資手段なのか、ということだ。つまり「株式投資は儲かりますか」ということ。

実は利益が出る、出ないは、原則的には投資家のやり方次第とは言える。ただ念のため、全体的な傾向、マクロ的なデータなども参考に見ておこうというのが、以下の文の趣旨である。

株式投資の期待収益率（株をどのくらいの期間持っていたら、平均的にはどのくらい儲かるの？　という数値である）については、財団法人日本証券経済研究所の調査データがある。

まず見てみたいのは、長期投資の収益率である。次ページのグラフ１は保有継続していた株式を、２００３年に売却した場合、年平均の投資収益率はどのくらいになるか、を見たものだ（東証１部、２部が対象。収益には値上がり益の他、配当収益、株主割当増資に

グラフ1――長期投資の収益率

2003年を基準（この年に売却と仮定）とした計算。縦軸は、年当たりの平均収益率（%、複利）。横軸は保有の年数。たとえば横軸で5年とあるのは、1998年の平均株価で購入、5年間保有し、2003年の平均株価で売却した場合の年平均収益率（この場合は0.9%）を示している。収益率が安定的にプラスになっているのは、保有年数が17年以上（つまり購入時期は1986年以前）であることが分かる

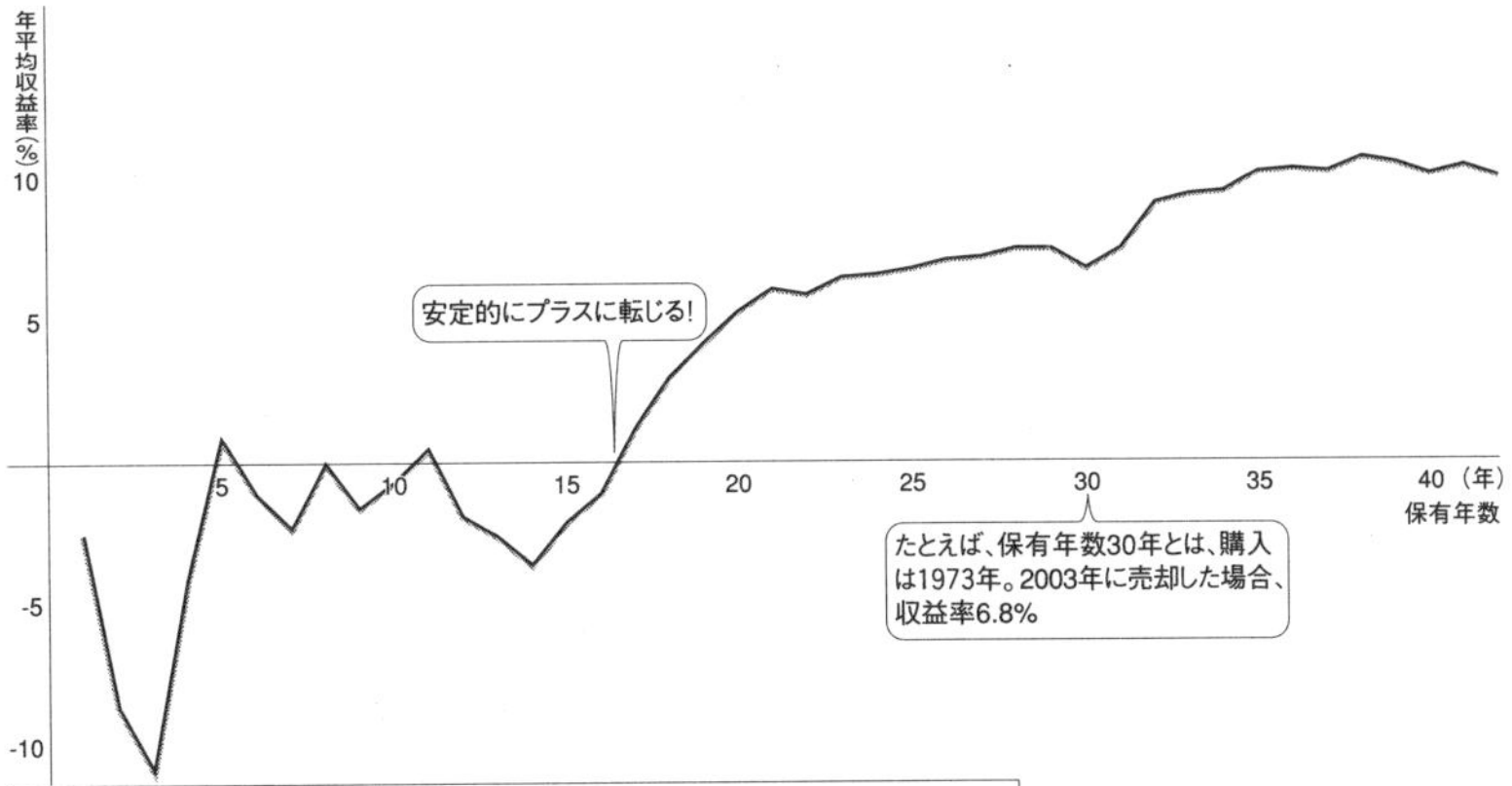

データ

5年目 10年目 15年目 20年目

-2.5／-8.6／-10.8／-4.1 (0.9) -1.1／-2.3／0.0／-1.6 (-0.7) 0.5／-1.9／-2.6／-3.6 (-2.1) -1.1／1.2／3.0／4.2 (5.3)

6.1／5.9／6.5／6.6 (6.8) 7.1／7.2／7.5／7.5 (6.8) 7.5／9.1／9.4／9.5 (10.2) 10.3／10.2／10.7／10.5 (10.1) 10.4／10.0

25年目 30年目 35年目 40年目

（日本証券経済研究所調べ）

よる利益も含む。株主優待による利益は対象外。税金、手数料のコストは考慮していない）。

詳細はグラフの通りだが、1990年頃のバブル崩壊の影響で、80年代末以降に投資を始めた場合はマイナスのケースが多い。たとえば1990年に株を購入、03年に売却した場合（保有年数13年）、年平均2・6%の赤字になってしまったというわけだ。

しかし、1986年に投資を開始した投資家は本格バブル前ということもあり、03年に売却した場合（同17年）、年平均1・2%の利益を確保。また20年以上投資を続けた場合、平均して年5%以上、さらに35年以上では同10%以上の利益を得られたことが分かる。

では、保有継続ではなく、前年と比べた

20年以上続けると
平均年5%以上

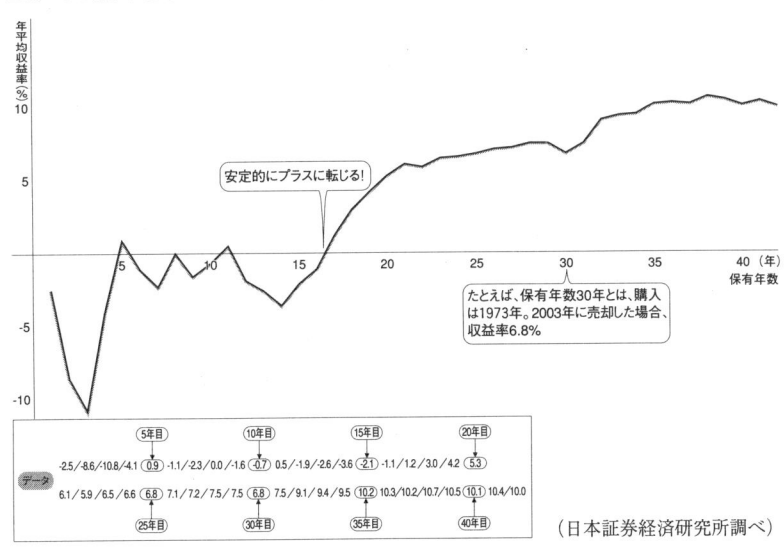

グラフ2——平均投資収益率の推移

ここでいう投資収益率とは、前年の平均株価で買い、当年の平均株価で売却した場合の損益率を示している。横軸は西暦の年。たとえば、2003 年の収益率（マイナス 2.5%）は、2002 年の平均株価で購入、2003 年に売却した場合の収益率を示している

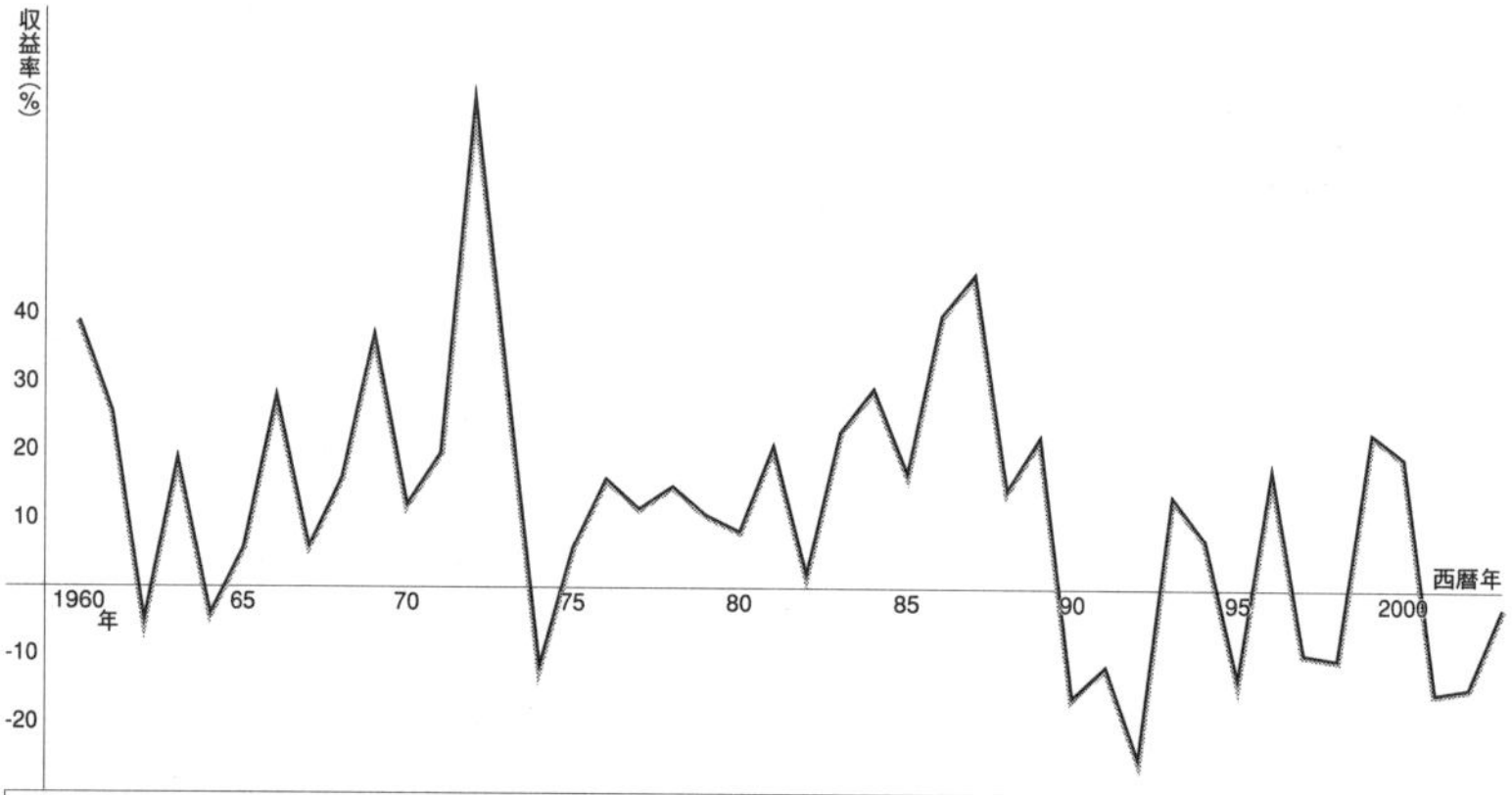

データ
60年 39.1 25.7/-4.8/19.1/-3.9 65年 5.7 28.3/6.1/16.1/37.3 70年 12.3 19.8/72.1/30.3/-11.4 75年 5.9 16.1/11.7/15.0/10.8 80年 8.4
21.0/2.1/23.0/29.4 85年 27.0 40.1/46.2/14.6/22.4 90年 -15.9 -11.3/-24.8/13.7/7.3 95年 -13.1 17.7/-9.4/-10.2/23.1 2000年 19.5 -15.1/-14.3/-2.5

（日本証券経済研究所調べ）

らどうか。つまり、前年購入した株式を1年後に売却した場合、平均的にはどの程度の収益（あるいは損失）が得られたか、ということだ。これがグラフ2である。この収益率は、前年各月の平均株価で購入、当年各月のやはり平均株価で売った場合の投資収益率を示している。こちらも、値上がり益の他、配当、割当増資による収益を含んでいる。

こちらもバブル以前は、ほとんど毎年プラスを維持してきた。しかし1990年以降は、苦戦が続いた。株式「冬の時代」と言えるだろうか。しかし、下げ止まりの傾向も見える。2003年の投資収益率（損失率）はマイナス2・5%に縮小、グラフにはないが、この03年の単純平均収益率は10・4%の上昇となっている（表は各銘柄の株式時価総額を考慮した加重平均の収益率）。

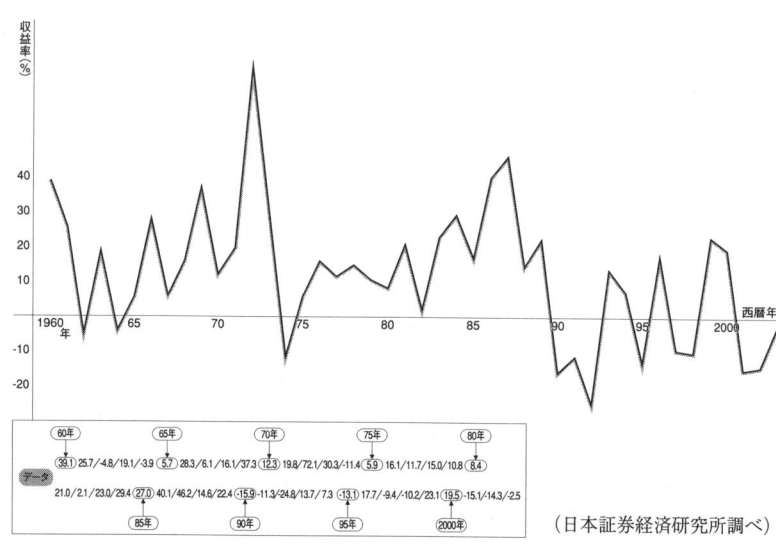

さて以上、長期株式投資の平均的な収益率、1年保有の収益率を見てきた。これをどう捉えるか、である。

この項の主旨は「夢が持てる」。ところが、中長期投資の収益率では保有期間10年前後で苦戦が続いている。また1年保有の収益率でも、この10年ほどは同様だ。一方、長期投資で見られた年平均収益率5〜10％超という数値は運用においてはなかなかの好成績といえるが（債券、預金利子では長期運用でも年平均数％がせいぜいである。ちなみに現在の定期性預貯金の金利は0・02〜0・07％程度、10年物国債の利回りは1・850％である。04年8月9日）、場合によっては物足りないという方もいらっしゃるかもしれない。

この項で「バラ色の夢」の証明をもし期待された方がいたとしたら、それは大変申し訳ないが、私には一方的に投資における「バラ色の夢」を語る用意はない。いくつか参考データなどを提示して、皆さんに判断していただくしかないと考える。

ただ、「あなたはどう考えるのか」と、もし問われたならば、私はこの項の冒頭で書いた通りである。私は「夢が持てる」と考える立場である。ちなみに先に挙げた収益率は、あくまで一定の条件の下で算出した「平均値」。個別銘柄の値動きなどは別に資料などで確認していただく必要がある。ここ数年のものならば、四季報などでも確認できる。また参考まで、この文末に「メモ」として日本証券経済研究所作成の「収益率ランキング」なども掲載した。

●ラジオでなく「東通工」の株を買っていたら……

長期投資の楽しみ、あるいは株の成長ということで、私がよく思い浮かべる一文がある。『ピーター・リンチの株で勝つ』（三原淳雄、土屋安衛訳、ダイヤモンド社）の訳者あとがきである。この「あとがき」は言う。

物ではなく
株を買っていたら…！

「昭和33年の日本の東証株価時価総額は、今から思えばないにも等しいたったの1兆円だった…そのころの投資家にとって目新しかった『東通工』という株は、その後『ソニー』と名前を変えて大きく成長することになった。そのソニーの第1号のトランジスタ・ラジオを、何を隠そう訳者自身も買っていたのである。もし、…その時にソニーのトランジスタ・ラジオではなく「東通工」の株式を買っていたとしたら、とうの昔にどこかに消えてしまったラジオに代わって、今ごろはソニー御殿に住んでいたかもしれない」

この一文を読むたびに、存知上げぬ方だが、訳者の苦虫顔（失礼）が浮かぶようで、（またまた申し訳ない言い方だが）なかなか楽しいのである。「うん、うん」「分かる、分かる」「でも、仕方ないですね」と言いたくなる。投資をしていると、こうした時計の針を戻せたらという思いを、私もそれこそ年中感じていることなのである。

ともあれ、すぐに１００万円を1億円にするとかいったアクロバティックなことは、当然ながら、普通は容易にはいかない。むしろ「過大な夢」には十分に注意を払うことが肝要だが、夢やビジョンを持つことの大切さは多くの方に同意いただけることと考える。

ビジネスマン兼業投資家として、少しずつ、じっくりと株式投資することによって、仕事プラスαの「ちょっと大きな夢」の実現を目指すという営為は、より豊かな長期的人生設計の上でも、やりがいのあることではないだろうか。

メモ① 投資期間1年の収益率、トップは334・9%

日本証券経済研究所では、投資期間別の銘柄別収益率ランキングをまとめている。このうち投資期間1年（2002年投資→03年売却。投資、売却とも年平均価格を採用）の上位30ランキングが次ページの表である。

トップは自動車部品工業（東証2部）で収益率334・9%。さらにルック326・0%、大平洋金属234・8%と続く。自動車部品は1年間で4・3倍になったことになる。

ちなみにこの調査によると、対象の東証1部、2部計1929社（上場廃止を除く）のうち、収益率がマイナスだったのは736社。100%以上の上昇（2倍以上の値上がり）は43社だった。

投資期間1年（2002年投資→2003年売却）ランキング

順位	社名	収益率(%)
1	自動車部品工業	334.9
2	ルック	326.0
3	大平洋金属	234.8
4	自動車鋳物	226.6
5	ナカノコーポ	222.9
6	宮入バルブ	212.6
7	東京部品工業	205.4
8	光通信	190.1
9	ボッシュオート	179.1
10	プレス工業	175.7
11	日東製網	169.0
12	鬼怒川ゴム工業	162.5
13	クラリオン	158.4
14	日立建機	157.3
15	アルプス物流	150.2
16	NOK	150.1
17	ライトオン	148.1
18	ケンウッド	146.8
19	日本インター	145.1
20	アドバネクス	144.5
21	みずほ信託銀行	140.4
22	千代田化工建設	139.1
23	日新製鋼	133.8
24	TDF	132.5
25	井関農機	132.3
26	東洋電機製造	131.9
27	ニッキ	131.3
28	ペンタックス	128.5
29	藤倉ゴム工業	128.4
30	上新電機	127.1

メモ② 1年間の株価変動、単純平均で2・22倍

2003年の高値・安値、04年5月までの高値・安値

証券コード	社名	03年高値	03年安値	04年高値	04年安値
1301	極洋	232	113	223	166
1503	住友石炭	114	25	152	64
2001	日本製粉	442	247	524	406
2501	サッポロHD	339	188	429	291
3001	片倉工業	792	506	1373	701
3501	住江織物	214	102	253	158
4003	コープケミ	115	40	159	81
4501	三共	2085	1349	2485	1957
5001	新日本石油	585	437	673	515
5541	大平洋金属	642	83	722	346
6005	三浦工業	1595	1190	1873	1351
6501	日立	706	366	850	651
7003	三井造船	185	83	233	153
7500	西川計測	605	350	825	500
8000	カイゲン	540	370	550	465
8507	学研クレ	311	220	345	269
9001	東武鉄道	398	307	504	383
9501	東京電力	2565	2190	2440	2300

（単位は円、04年は1～5月まで）

企業の1年間の株価変動（高値―安値）はどの程度あるのか。

上の表は、100番台から9000番台まである証券コードの番号順に、試みに500番おきに銘柄をリストアップ、その銘柄の2003年の高値・安値、04年5月までのやはり高値・安値を挙げたものである（当該コード番号の銘柄がない場合は、最も近い後のコード銘柄を抜き出した。たとえばコード番号1000の銘柄はないため、

最も近い1301の極洋を、またコード番号1500もないため、1503の住友石炭鉱業を選ぶといった具合)。

リストアップした18銘柄の2003年1年間の変動率(高値は安値の何倍か)を見ると、単純平均で2・22倍。最高は大平洋金属の7・73倍、最も低かったのは東京電力の1・17倍だった。

変動率は2.22倍

なお一応念のため申し添えると、この株価変動が株式投資における利益の源泉である。と同時に大変遺憾だが、損失の源泉でもある。

勧める理由③

投資は少額からでかまわない

投資を行うような、まとまった資金的な余裕などない、というケース。これは一応、30代が「買わない」理由として分かる。何事も先立つものがないと始まらない。しかし、これも絶対的な困難ではないと思える。だって、できる範囲で始めればいいのだから。

投資では無理をすべきではない(実は、これは極めて大事である)。もちろん10万~20万円程度では正直、実のある株式投資は難しいが、いろいろ多少の我慢と工夫をすれば、一般的な家庭ならば、それなりの期間をかければ、たとえば100万円程の資金をやりくりすることは決して不可能ではないのではないだろうか。このくらいあれば、実のある、堂々の投資をスタートさせることは可能である（なにしろ、30代の新米投資家には「時間」という味方がついているのだ）。

それと、もし「資金をひねり出す余裕など、本当にまったくない」のだとしたら、それは仮に投資をしたくても、諦めた方がよいと思う。投資には当然それなりの資金が必要だし、借金してまで行うものとも思えないから（詳細は後で詳しく述べる）。

投資しようと思ったら、苦労して元になる資金を、たとえ少額からでも貯めることにまず努力すべきである。

なに？　30代にはいろいろしたいことがあるって？　もし本気で投資を行いたいのであったら、それは多少我慢してもらわなくてはならない。投資もビジネスだから、行うにあたっては努力も苦労も、ある程度の自己犠牲も必要である。

勧める理由④——「大人の30代」ならばこそ

なぜ、30代なのか。実は40代でもいいのである。50代ではややボーダーか（50代の皆さん、ゴメンナサイ）。でも、あえて言うが、20代については否定的である。時間はあっても、若すぎる。20代の人たちの中には、株式投資よりまず仕事、そして投資は株式でなく、なにより自分自身の成長のために投資をしたいと考える人も少なくないと思う。私もその考えに賛成である。

株式投資には社会経験も必要と思う。そして30代ならば、一応の経験も積んでいるはずだ。だから株式にのめり込んで、非現実的な夢を追い、無理な投資を行い、様々な困難に追い込まれるといったリスクを避ける知恵も持っているはずである（というか、持っているべきだ。このあたりに自信のない方は投資は行わない方がよいと思う。危険である）。

この本で言いたいのは、人生時間が十分にある、また社会経験も積んだ「大人の30代」の方々に、「ほどほどに」という自己抑制と、「慌てずに」という冷静さでもって、「クールな投資」を行ってはどうですか、ということである。

勧める理由⑤――ビジネスマン兼業が可能

最近のブームに「サラリーマン兼業大家《おおや》さん」というのがある。私もベストセラーとなった本を読んだ。経営のコツ、実務的な知恵が紹介されており、本として大変親切だし、優れていると感心した一人である。この中に「大家業は、サラリーマンが兼業していても勤め先に文句を言われない、数少ないビジネス」といった趣旨の一節があった。「なるほど」と思ったのであるが、株式投資は「大家さん」業以上に、サラリーマン兼業向きではないかと思ったのである。

大家さん業では、物件を購入するためにある程度まとまった資金（ケースにもよるが、一般的には株式投資以上の手元資金が必要と思われる）が必要な上、物件購入の際、利益が得られる優良のものか、あるいは良くないものかを見分ける、ある程度の専門的知識も必要である（もし間違えたからといって、購入した物件を売却し、すぐに別の物件に乗り換えるということは、簡単にはいかないだろう）。

さらに入居者を募集したり、入った後も家賃を支払わない入居者に対する督促など、何

〈株式投資の利点〉
・世話がない
・自己資金の範囲で始められる
・数日で決着がつく
・方向転換は容易

かと手間がかかるものである（こうした業務は不動産業者等に任せるのが通例だが、トラブルなどの最終場面ではやはり所有者が出ざるをえないことも少なくない）。

実は私も家で賃貸集合住宅を所有しており、この管理業務に関わっている。折々、家賃の不払い、水道・風呂設備などのトラブルも発生し、委託先の不動産業者任せでは解決できないケースも少なくない。人様に住んでいただき、お金を支払っていただくということは簡単なことではないと実感している。

これに比べ、（誤解を恐れずに言うと）株式投資は世話がない。投資は持っている資金の範囲で始められる。購入・売却とも、数日で決着がつく（つまり流動性が極めて優れている。この点、アパートに比べて圧倒的である）。だから、もし間違ったと思った場合、方向転換することは比較的容易だ。入居者募集の手間もない（当たり前だが）。水道が出ない、と文句を言ってくる株はない（風呂場のガス釜がつかないという苦情も同様だ）。株を長期に持っているからといって、リフォームが必要だという話も聞いたことはない。売却代金の徴収は証券会社が行ってくれる。この支払い遅延もない（多少の手数料で、営業や販売・総務の仕事を証券会社が代行してやってくれているようなものである。大変ありがたいことである）。

証券会社など金融機関や報道機関にお勤めの方々や、一般企業でも特別な立場にある方などを除き、ビジネスピープルの投資家兼業は基本的に問題にならないはずである。やりようだが、節度を持って行えば、大切な本職の仕事に負担になる部分は極めて少ないと思える。

勧める理由⑥――インターネット取引は力強い味方

もう一つ、インターネット取引の普及も「30代投資家」にとって大きな戦力である。よくインターネット取引は、1日数回、あるいはケースにより数十回も売買を繰り返すデイトレーダーにとって効果が大きいように言われる。確かに短期（あるいは超短期）売買の専業投資家にとってインターネット利用は必須と思われるが、中長期投資を目指すビジネスピープル兼業投資家にとっても魅力的なツールであることは同様である。

この点、私が印象に残っていることは2003年夏、8月15日前後のいわゆる盆休みごろの取引の状況である。

盆休み時期というとそれまでは、会社が一斉に休みモードとなり、株式市場は平日の場合開いていても、出来高が少なくなり、閑散ムードになることが通例だった。しかし2003年はまったく様相を異にしていた。盆休みの最中、市場はこの前後の出来高を上回るほどの活況を呈したのである。

この原因について市場関係者は、市況の好転という事情に加えて、「盆休みになって、日ごろ日中の取引ができないサラリーマン投資家が、日中からパソコンに向かい、思う存分売買を行った結果ではないか」と分析していた。私もそうではないかと見ている。

日頃忙しい、30代のサラリーマン兼業投資家が、頻繁に証券会社の窓口に行くことは不可能に近い。また証券会社の担当者に電話連絡するのも煩雑に違いない。私は無理なことはする必要はないと考える。株式投資で利益を得ても、大切な本業にマイナスの影響があっては元も子もない。

兼業投資家はゆっくり、マイペースで投資を行えば良いのである。この点、インターネット取引は大変好都合である。銘柄研究などは、休みの日や帰宅後の余裕時間に行えばいい。インターネット利用で、今ではプロ並みに近いレベルの情報だって取得・閲覧可能である。売買の発注も同様。値動きの激しい日中に、本業の仕事を心配しつつ、焦りまくりでバタバタと行うことはないのである。兼業投資家は余裕のあるときにじっくりと値決めし、待ち伏せ作戦などでチャンスをうかがうぐらいで十分と私は思う。

格安な売買手数料だって、ありがたいことだ。安くなったからといって売買をムダに重ねて、余分な手数料を証券会社に払う必要はない。格安に、そして必要最少限に。いろいろ物入りの30代兼業投資家は、しまり屋の精神で事に対処すればよいと思う。

勧める理由⑦——意外と大きい中長期投資の「複利」効果

さて、30代で株を買うことの意味、意義を語ったが、では中長期投資を行った場合、具体的にどのくらいの資金が貯まるか——。投資の効果ということだが、ここでは試算ということで、

・100万円からスタートして
・毎年頑張って100万円ずつ投資額を増やし
・これをガマンして取り崩さず
・年10%、あるいは15%で運用(つまり複利ということ)したら

という条件で運用成果をシミュレーションしたのが、次ページの表である。

	10%複利	15%複利
1年目	110.0	115.0
2年目	231.0	247.3
3年目	364.1	399.3
4年目	510.5	574.2
5年目	671.6	775.4
6年目	848.7	1006.7
7年目	1043.6	1272.7
8年目	1257.9	1578.6
9年目	1493.7	1930.4
10年目	1753.1	2334.9
11年目	2038.4	2800.2
12年目	2352.3	3335.2
13年目	2697.5	3950.5
14年目	3077.2	4658.0
15年目	3495.0	5471.7
16年目	3954.5	6407.5
17年目	4459.9	7483.6
18年目	5015.9	8721.2
19年目	5627.5	10144.4
20年目	6300.2	11781.0
25年目	10818.2	24471.2
30年目	18094.3	49995.7

(単位、万円)

100万円の投資からスタート。毎年100万円ずつ加算し、年間10%、あるいは15%の複利で運用した場合のシミュレーション

●7年目で１０００万円超

10%運用の場合、４年目に５００万円を超え、７年目に１０００万円を超えた。10年目には１７５３万円、15年目に３４９５万円、20年目に６３００万円、25年目には１億円を超え、１億０８１８万円になる計算だ。

一方さらに運用がうまく行って15%運用ができたならば、３年目に約４００万円となり、１０００万円突破は６年目。10年目に２３３４万円、15年目に５４７１万円、20年目に１億１７８１万円、さらに25年目には２億４４７１万円にもなる。10%運用でもなかなかの資金成長だが、５%上回ると中長期では大変な違いとなる。

ただ、ここで強調したいのは、運用収益10％と15％の違いではない。継続し、そして極力我慢して取り崩さないことの重要性である。他でもない、「複利」を活用することの威力ということである。

勧める理由⑧――「ダブルポケット」はいかがですか

さて、以上これまで「30代に株を勧める理由」を書いてきたが、平たく言うと、本業プラス投資の「ダブルポケットのススメ」と言うこともできると思う。「2つのサイフ」と言ってもいい。つまり「今日のサイフ」と「将来のサイフ」である。兼業投資家は、この二刀流が可能なのである。

なお時折、株取引で生活をしたいという方がいらっしゃるが、これは一般的には大変困難だからやめた方がいいと思う。たとえば数億円レベルの資産を持っているという方ならば多少は話は別だが、そうした蓄積もなくて、ともかく株取引だけの利益で生活しようとすると、たとえ一時的にうまく行っても、どこかで躓いてしまうのではないか。「今日」と「将来」、2つのサイフの混同は危険と言える。

メモ③ 30代の平均年収は607万円、純貯蓄は37万円

30代の懐具合を調べた調査がある。総務省統計局が行った全国家計調査（平成15年版）である。これによると、30代（30～39歳）の勤労者世帯の平均年間収入は607万円（前年比22万円の減収だ）。同年代の平均貯蓄高は738万円で、平均負債高は701万円（うち、住宅・土地のための負債が664万円。実に総負債の95％を占めている）。貯蓄から負債を差し引いた純貯蓄額は平均37万円ということになる（表1）。

次に同じ調査で、貯蓄の内容を見てみよう。平均的な30代が含まれる貯蓄高600万以上～900万円未満の世帯では、通貨性預貯金（要するに普通預貯金のこと）が18・0％、定期性預貯金が37・6％、生命保険等が37・1％と大半を占め、有価証券（株式や投資信託等）は3・4％に過ぎない。金額にすると平均25万円。

ちなみに貯蓄高400万～600万円の世帯では、貯蓄に占める有価証券の割合は3・1％、金額で16万円という結果になっている（表2）。

表1――世帯主の年齢階級別貯蓄・負債現在高（万円）

年次	平均	～29歳	30～39	40～49	50～59	60歳以上
			年間収入			
平成14年	748	465	629	780	893	680
平成15年	721	459	607	766	847	663
			貯蓄現在高			
平成14年	1280	368	719	1108	1659	2332
平成15年	1292	316	738	1118	1672	2362
			負債現在高			
平成14年	607	249	727	845	526	186
平成15年	605	229	701	864	528	161
			純貯蓄額（貯蓄―負債）			
平成14年	673	119	－8	263	1133	2146
平成15年	687	87	37	254	1144	2201

総務省「全国家計調査（平成15年版）」より

表2――貯蓄内容の内分け

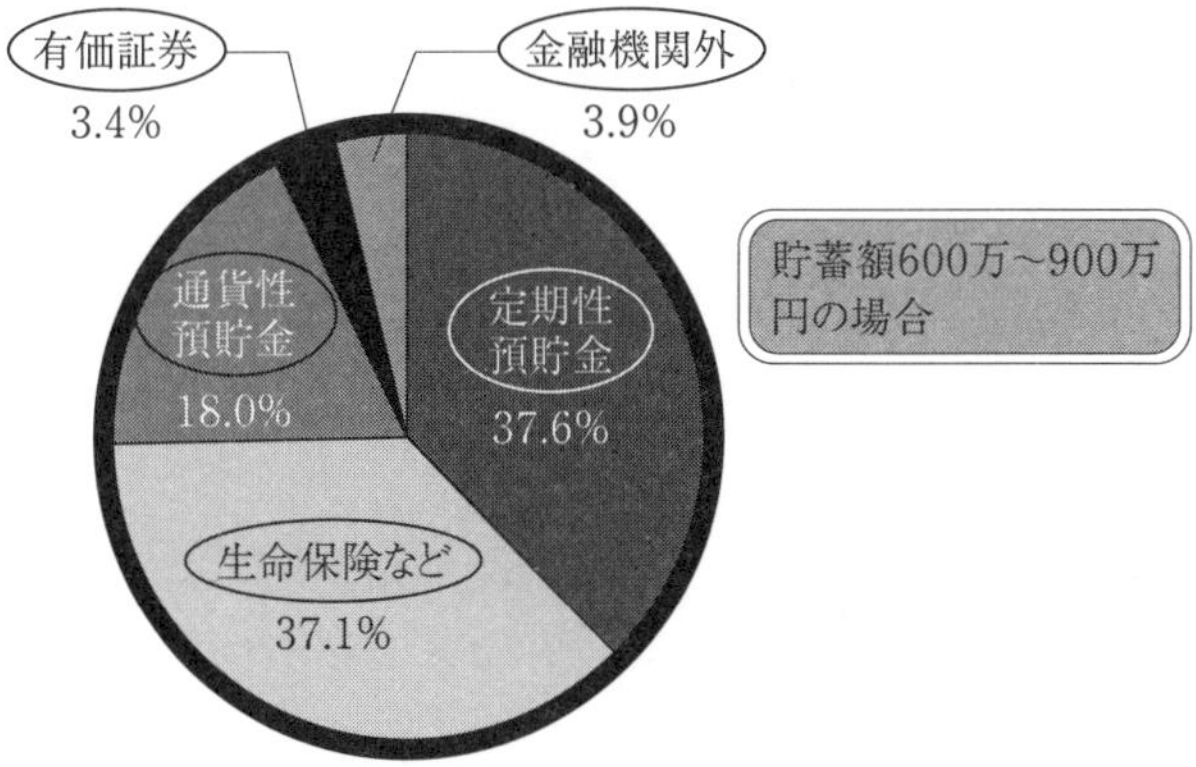

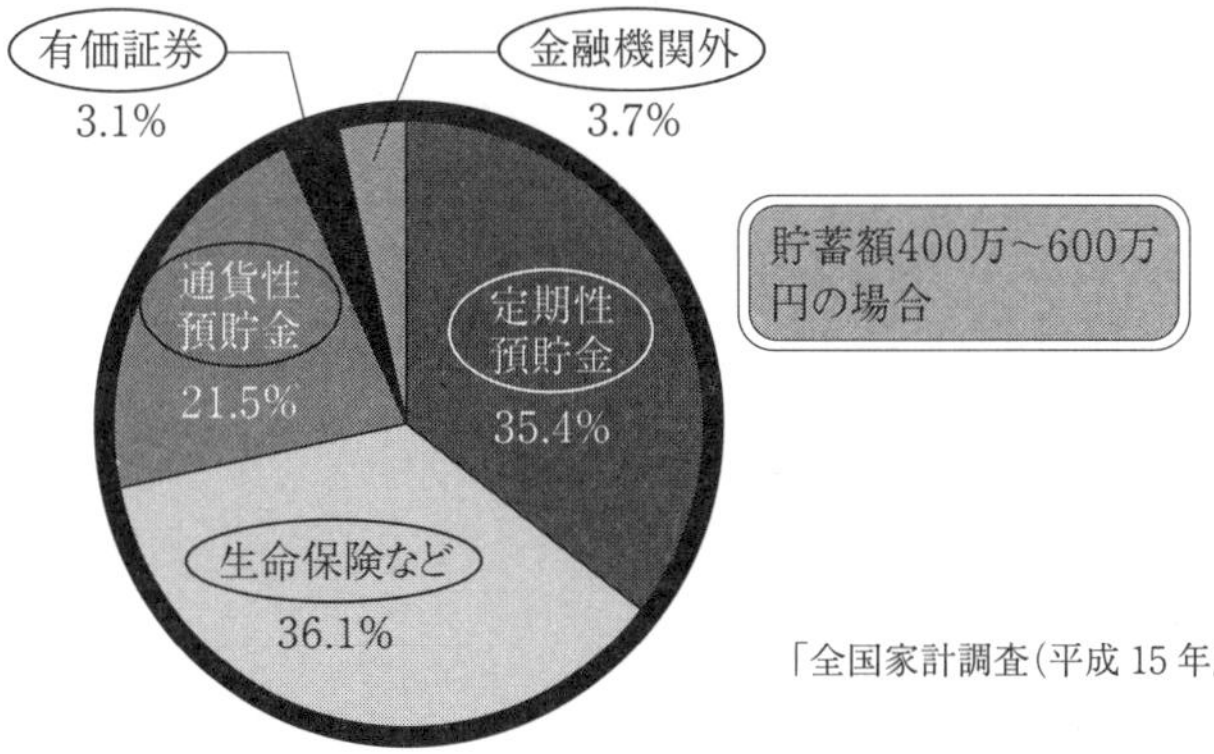

「全国家計調査（平成15年版）」より

2章

「買い」と「売り」の最良ポイント

30代投資家が
知っておくべき投資法

「牛になる事はどうしても必要です。吾々はとかく馬になりたがるが、牛には中々なり切れないです。… （中略）…あせつては不可《いけま》せん。根気づくでお出でなさい。世の中は根気の前に頭を下げる事を知つてゐますが、花火の前には一瞬の記憶しか与へて呉《く》れません。うんうん死ぬ迄押すのです。それ丈《だけ》です」

（夏目漱石が、芥川龍之介と久米正雄に送った手紙より）

1 私のやり方、3S投資

「30代で株を買う」投資のテクニックとしてオススメしたいのが、3S投資である。3Sとは、つまりsimple、slow、safety。順に説明したい。

Simple——

第一のS、つまりsimpleとは、投資をシンプルに考えませんか、という提案である。現物買いの場合、「安く買って、高く売る」が投資の原則。これさえできれば投資は完璧で、基本構造は非常に単純と言える。もっともこの銘柄選択、売り買いのタイミングがなかなかくせ者で、判断が難しく、すべての投資家が悩んできた部分である。

銘柄・タイミングの選択について、さまざまな人がいろいろな秘策、大発明を唱え、あるいは奇跡のソフトの利用を訴えてもいるが（少しばかりコストが高めのケースもあるようです）、私はオーソドックスなＰＥＲとＰＢＲなどを見ていれば基本は十分と考えている。この2つの指標の長所は、個人投資家が簡単に情報を入手、計算できる点である。

PER＝株価÷1株当たり予想利益
PBR＝株価÷1株当たり純資産

ＰＥＲは price earnings ratio の略。日本語では、株価収益率と呼ぶ。数値は、株価を企業の1株当たり予想利益で割って求める。仮に株価が５００円、1株当たり予想利益が25円ならば、20倍となる。一般的には20倍以下ならそれほど高くない、と言える。一方、ＰＢＲは price book-value ratio の略。日本語で株価純資産倍率と言う。こちらは株価を1株当たり純資産で割って求める。株価が５００円で、1株当たり純資産が２５０円ならば、ＰＢＲは２・０倍である。私は1倍前後なら、とりあえず「割安」としている。

予想1株利益も1株純資産も、会社四季報や会社情報に最新データが掲載されているから、この2つの指標について投資家は簡単に確認できる。

銘柄選択では、割安さを確認するため、この両指標をチェック。このほか、最も基本となる今期以降の業績動向（特に大切なのは売り上げや最終利益の見込みだ）や、負債が多いか少ないか、また最近のチャートトレンドを確認（現在の株価がここ3年程度の推移の中で、どの程度のレベルなのかをチェックするわけだ）すれば、準備としては基本的に十分と思う。

いくつか言ったが（あまりシンプルでない？　申し訳ないが、投資に当たって最低限この程度の検討はやはり必要です）、いずれも四季報などで確認できる内容である。この意味で、最新の四季報などは投資家にとって必須アイテムと言えると思う。

会社四季報の見方

利益剰余金（多いほどよい）

株価の推移が分かる

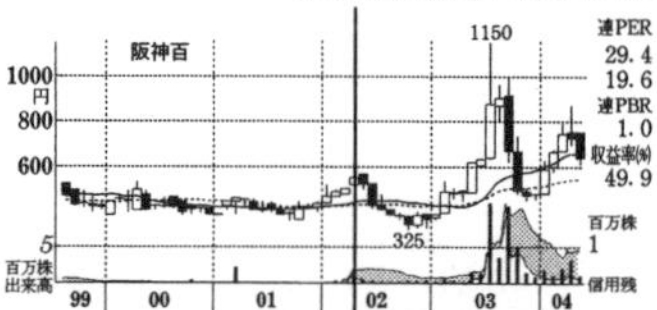

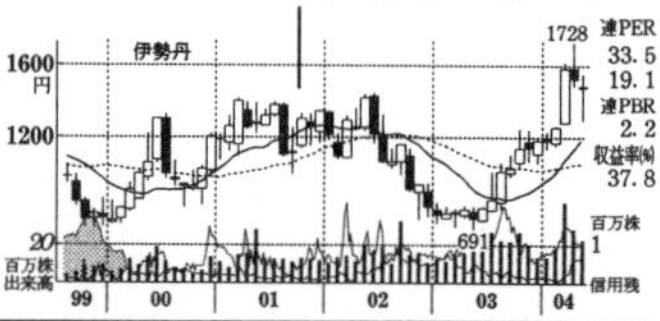

株価の推移が分かる

有利子負債（少ないほどよい）

これでPBRを計算（連04・3の数字で見る）

これでPERを計算（05・3連結決算の数字で見る）

【小売業】

伊勢丹・阪神百－1459

8238 ㈱伊《い》勢《せ》丹《たん》

【決算】3月 幌
【設立】1930.9
【上場】1961.10

【特色】新宿本店の収益力は業界トップクラスでファッション衣料に強い。阪急百貨店と提携
【連結事業】百貨店業89、クレジット・金融業1、小売・専門店・レストラン業9、他1 〈04・3〉

【最高益】メンズ館好調持続の本店、立川店等ほぼ横ばい圏。小倉伊勢丹など連結会社寄与し増収。厚年基金解散、適年制度廃止等による人件費削減がフル寄与、金利負担削減も進み経常最高益更新。特損消える。
【減　損】減損会計早期適用で吉祥寺、松戸、府中等4店と2子会社の16店を減損処理済み。レストラン事業を見直し、子会社を再編。井筒屋ウィズカードを子会社化。

年月	【資本異動】	万株
80. 6	無1:0.05	8,966
81. 6	無1:0.1	11,552
	公1350万株	(432円)
82. 6	無1:0.1	12,842
87. 1	無1:0.08	17,486
98. 10	合併	22,210

東証	高値	安値
61~01	5290(89)	130(65)
02	1451(6)	745(11)
03	1245(10)	691(5)
04. 1~5	1728(4)	1134(1)

225	高値	安値	出来万株
04. 1	1227	1134	1,356
2	1263	1150	1,912
3	1615	1275	4,242
4	1728	1485	2,879
5	1551	1291	2,306

【格付】SP BBB-(安) M Baa3 J Ap RI A-
【外国人持株比率】〈04.3〉23.2 〈03.3〉14.1

【株式】⅟₀ 222,251千株
単位 100株 貸借 優待
みなし 925円（東証）
【財務】〈連04.3〉 百万円
総資産 423,565
株主資本 153,128
株主資本比率 36.2%
資本金 34,985
利益剰余金 73,733
有利子負債 94,469
【指標等】〈連04.3〉
ROE ▲2.0% 予8.5%
ROA ▲0.7% 予3.1%
調整1株益 ―円
最高純益(02.3) 12,513
設備投資 259億 予140億
減価償却 103億 予113億
研究開発 ‥億 予 ‥億
【キャッシュフロー】億円
営業CF 97(259)
投資CF ▲149(▲93)
財務CF ▲90(▲295)
現金同等物 234(382)

【株主】単20,590名〈04.3〉 万株
日マスター信信託ロ 2,131(9.5)
日本トラスティ信託信託ロ 1,454(6.5)
日本トラスティ信託信託ロ（オンワード）1,038(4.6)
明治安田生命保険 685(3.0)
日本興亜損害保険 544(2.4)
東京三菱銀行 509(2.2)
興　隆 479(2.1)
清水建設 450(2.0)
シンガポール政府インベストメントC 370(1.6)
三菱信託銀行 369(1.6)
〈外国〉23.2% 〈浮動株〉6.2%
〈投信〉8.2% 〈特定株〉36.3%
【役員】(代取)小柴和正 武藤信一 橋本幹雄 (取)石津谷悦朗 二瓶郁夫 大川惠之輔 髙橋貞巳 ⇨巻末
【連結】静岡伊勢丹, 新潟伊勢丹, シンガポール伊勢丹, 小倉伊勢丹 〈04.3〉36(5)社

【業績】(百万円)	売上	営業利益	経常利益	利益	1株益(円)	1株配(円)	1株営業CF	1株株主資本
連02. 3	615,670	22,332	21,690	12,513	56.3	10	142.9	677
連03. 3	601,897	18,008	17,109	7,701	34.4	10	117.0	696
連04. 3	614,810	16,856	16,157	▲3,093	▲13.9	10	43.9	689
連05. 3予	644,000	24,000	25,000	13,000	58.5	10	配当利回り	0.68%
連06. 3予	652,000	24,300	25,300	13,200	59.4	10		
中03. 9	287,043	4,232	4,728	2,210	10.0	5	42.5	709
中04. 9予	302,000	6,800	7,600	3,800	17.1	5		
単04. 3	438,431	10,112	11,236	▲10,325	▲46.5			569
単05. 3予	438,500	14,000	19,000	11,000	49.5			
中03. 9	203,502	1,190	2,342	1,327	6.0			613

【本社】160-8011東京都新宿区新宿3-14-1
☎03-3352-1111
【店舗】新宿, 立川, 吉祥寺, 松戸, 浦和, 相模原, 府中　計7　26.1万㎡
【従業員】〈04.3〉連8,634名 単4,267名(40.3歳)年681万円
【証券】上東京 幹日興 名三菱信 監中央青山
【銀行】東京三菱, 三菱信, みずほC, 第四, 静岡
【URL】http://www.isetan.co.jp/

8241 ㈱阪《はん》神《しん》百《ひゃっ》貨《か》店《てん》

【決算】3月 幌
【設立】1957.4
【上場】1967.10

【特色】大阪・梅田1店舗体制から03年に阪神・西宮駅に食品館出店。食品に強み。タイガース成績連動
【連結事業】百貨店94、婦人服等小売4、他2 〈04・3〉

【平年化】本店は得意の食料品が改装もあり堅調だが、前期はタイガース優勝効果で出来過ぎ。西宮も開店セール等一巡。減収に加え、パン製造販売子会社等の苦戦や減価償却増勢で営業益は大きく反落。固定資産関連特損減っても純益落ちる。特配剝落。
【方　針】不得手の衣料品は改装等でテコ入れの考え。軽食堂改装した本店地下食料品は競合激化の梅田地区で差別化の柱に。

年月	【資本異動】	万株
73. 10	無1:0.1	2,640
77. 10	無1:0.05	2,772
82. 4	無1:0.05	2,910
87. 11	無1:0.05	3,056
90. 11	無1:0.05	4,024

大証	高値	安値
67~01	1410(90)	200(68)
02	620(4)	325(10)
03	1150(7)	370(1)
04. 1~5	870(4)	484(1)

	高値	安値	出来万株
04. 1	630	484	192
2	677	580	115
3	789	672	210
4	870	695	327
5	755	609	114

【格付】―
【外国人持株比率】〈04.3〉0.7 〈03.3〉0.0

【株式】⅟₃₀ 40,300千株
単位 1000株 貸借 優待
みなし 300円（大証）
【財務】〈連04.3〉 百万円
総資産 62,045
株主資本 27,916
株主資本比率 45.0%
資本金 4,358
利益剰余金 19,700
有利子負債 0
【指標等】〈連04.3〉
ROE 5.9% 予4.1%
ROA 2.7% 予1.9%
調整1株益 ―円
最高純益(04.3) 1,659
設備投資 2,037 予1,340
減価償却 1,285 予1,343
研究開発 ‥ 予 ‥
【キャッシュフロー】百万円
営業CF 6,032(4,631)
投資CF ▲287(▲730)
財務CF ▲425(▲437)
現金同等物 22,990(17,669)

【株主】単5,113名〈04.3〉 万株
阪神電気鉄道 2,111(52.3)
阪神共栄会 174(4.3)
大　林　組 101(2.5)
大阪証券金融 52(1.3)
松下電器産業 40(0.9)
三井住友銀行 35(0.8)
日本生命保険 33(0.8)
三井住友海上火災 30(0.7)
りそな銀行 23(0.5)
アサヒビール 21(0.5)
〈外国〉0.7% 〈浮動株〉28.1%
〈投信〉0.0% 〈特定株〉66.1%
【役員】(社)三枝輝行 (専)岩津潔 (常)岡村滋夫 本田善雄 (取)森本弘行 勇元伸介 安川茂 今井英文 西川秀郎 久万俊二郎 宮崎恒彰 中川茂富 (常監)納谷正惟 河合信好 (監)上原洋允 ⇨巻末
【連結】阪神商事, ヘンゼル, 阪神みどり会, 阪神運送 〈04.3〉5(2)社

【業績】(百万円)	売上	営業利益	経常利益	利益	1株益(円)	1株配(円)	1株営業CF	1株株主資本
連02. 3	117,257	2,203	2,502	1,070	26.6	7.5	103.9	641
連03. 3	116,844	2,497	2,759	1,247	30.0	9.5記	115.1	663
連04. 3	127,412	3,352	3,574	1,659	40.5	9.5特	150.2	695
連05. 3予	119,800	1,980	2,160	1,150	28.5	7.5	配当利回り	1.18%
連06. 3予	120,000	2,000	2,180	1,160	28.8	7.5		
中03. 9	63,272	1,660	1,760	983	24.5	3.75	115.0	682
中04. 9予	57,600	710	790	400	9.9	3.75		
単04. 3	119,879	2,673	2,824	1,215	29.6			622
単05. 3予	111,300	1,410	1,530	780	19.4			
中03. 9	59,446	1,327	1,401	776	19.3			614

【本社】530-8224大阪市北区梅田1-13-13
☎06-6345-1201
【店舗】本店　4.7万㎡, 西宮店　0.5万㎡
【従業員】〈04.3〉連1,395名 単1,104名(41.7歳)年593万円
【証券】上大阪 幹野村, 大和 名住友信 監あずさ
【銀行】三井住友, UFJ, みずほ, りそな
【URL】http://www.hanshin.co.jp/depart/

（各企業について、2分の1ページにわたって業績などの解説、データが掲載されている。株価の5年ぐらいの値動き、直近半年程度の高値・安値・出来高、業績の推移・予想、主要株主などが分かる）

ヤフーファイナンスのチャート画面

YAHOO! JAPAN FINANCE　　Yahoo! JAPAN - ヘルプ

検索　チャート　コード検索

こんにちは、　カスタマイズ (Yahoo! IDが必要です) - 購入商品一覧 - ログイン

ポートフォリオ(気になる銘柄の動向をチェック！)：[登録/ログイン]

チャート　E*トレード証券　松井証券　野村證券 NOMURA HomeTrade　大和証券 ダイワのオンライントレード

：有料コンテンツ　VIP: Yahoo!ファイナンスVIP倶楽部対象商品

[PR]円・豪ドル間が片道50銭なのは「ソニーバンクの外貨預金」

デザイン: 基本情報 - 今日の値動き - 財務指標 - パフォーマンス - 気配 VIP - 詳細情報 - [新規デザイン作成]

現在の日時:10月4日 11:53 -- 日本の証券市場はあと3 時間 7 分で終了します。

三菱化学(株) (東証1部4010) - 関連情報 ニュース・ 企業情報・ リサーチ・ 掲示板・ レポート

取引値		前日比	前日終値	出来高	時価総額
11:00 **338**		+6 (+1.81%)	332	3,755,000	736,054百万円
始値	高値	安値	売気配	買気配	発行済株式数
335	339	335	---	---	2,177,675,032株
配当利回り	1株配当	株価収益率	1株利益	純資産倍率	1株株主資本
1.18%	4.00円	(連) 21.37倍	(連) 15.82円	(連) 1.85倍	(連) 182.59円
株主資本比率	株主資本利益率	総資産利益率	調整1株益	決算年月	単元株数
(連) 19.8%	(連) 9.24%	(連) 1.68%	(連) 15.61円	2004年3月	1,000株

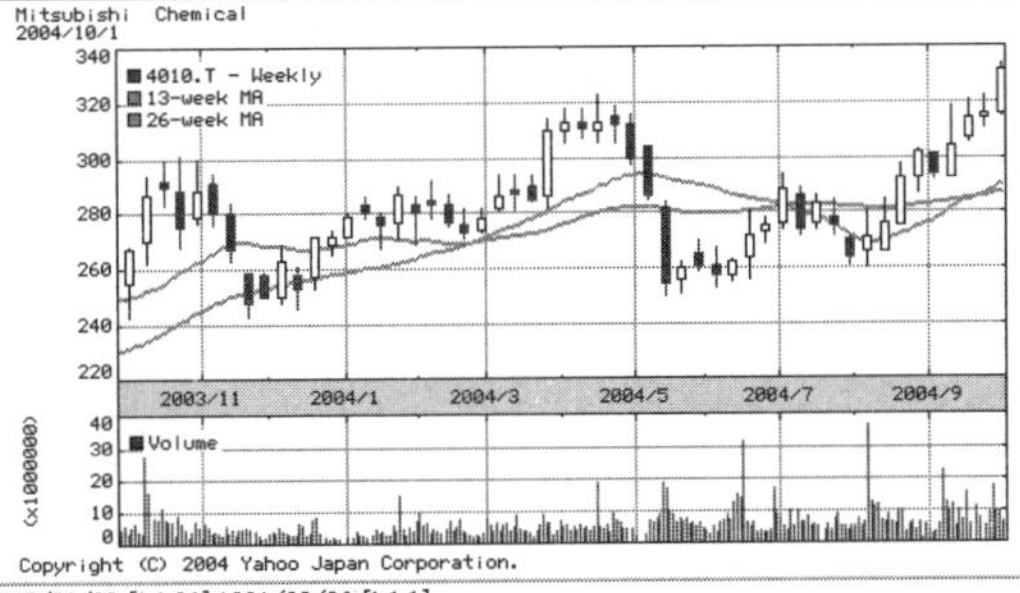

分割: 1987/01/28 [1:1.06] 1991/03/26 [1:1.1]

期間: 1日 | 3か月 | 6か月 | **1年** | 2年 | 5年 | 10年 タイプ: 線 | **ローソク** スケール: **標準** | 対数 サイズ: **標準** | 大

移動平均: 25日 | 75日 | **13週** | **26週** | 52週　平滑移動平均: 25日 | 75日 | 13週 | 26週 | 52週

追加指標: MACD | MFI | ROC | RSI | Slow Stoch | Fast Stoch | **出来高** | 出来高＋移動平均 | W%R

上書指標: ボリンジャーバンド | パラボリックSAR | **分割** | 出来高

株価コード 4010と下に入力した株価を比較します。

☐ 日経平均　☐ TOPIX　☐ JASDAQ　比較

比べたい銘柄コードを調べる [ヘルプ]

時系列

(株価の値動きをたどるチャートのほか、このページでは時々の株価や時価総額、株式分割の状況などが分かる。例示したチャートは期間1年のものだが、このほか期間3ヵ月、6ヵ月、2年、5年間チャートなども見られる)

Slow――

第二のS、つまりslowは、スローな「中長期投資家を目指しませんか」ということだ。30代の投資家は、投資家として十分な時間を持っている。10年から20年、あるいは場合によっては30年でもいいが（ただ、これほど長期ではピンと来ない人がほとんどであろう。今、ある銘柄を買い、30年間保有を継続しようなんて遠大な趣旨ではない。まあ、そのくらいは生きて、投資も続けますよ、といった決意表明ぐらいの趣旨である）、ゆっくりと投資を楽しめばよいと思うのである。最終的には本人の趣味や、考え方の問題であるが、デイトレードなどを行って、ドタバタする必要はまったくないと思う。

第一、30代の皆さんは仕事で忙しい人がほとんどだ。昼間の間中、パソコンに向かって1円単位の株価の動きを血眼になって追っている暇なんてないと思う。スローな投資方針を守り、じっくりと慌てずに投資を行えばいいのである。

Safety――

最後のS、safetyは安全を心掛けて、ということだ。

安全とは、まず第一に投資で借金を作らないということ。そして次が、再起不能の大敗をしないということだ。株式投資で失敗して投資資金をゼロにしたというのはまだギリギり仕方ないとしても、投資で大赤字、借金を作り、たとえば家を失ったなんていうのでは、もうサイテーだからだ。

このための危機管理として、どうしたらいいか。借金して投資をしない、あるいは信用取引をしないことだ（よく限度をわきまえて投資を行えば、信用取引は怖くないという人がいる。その通りである。ただ私は、この点で人間というものを、つまり自分も含めての話だが、あまり信用していないのである。欲があるから。気が付いたら深みにはまっていたなんてことがあるのではないか、と。そんな事態に陥らないためには、あらかじめ信用取引ができない環境にしておくことが一番と考えている。その方法は後述）。こうすれば、投資におけるリスクは限定的である。

30代の投資家は、勝っても負けても動じない、慌てない。だから過度にリスクを取って一発勝負をかける必要はないし、一発大逆転も関係ない。クールに投資を続ければいいのである。

以上が３Ｓ投資の骨格である。シンプル、スロー、そしてセーフティな投資は、ともするとまだるっこしい感じがするかもしれない。でも、無理せず、慌てず、早まらず。投資においてこの効能は、それほど見劣りするものではないと思う。

2 プロを過度にあてにしない

●プロは近視眼的

投資におけるプロには、どんな人たちがいるか。評論家諸氏、金融機関のアナリスト、ストラテジスト、エコノミストといった方々、さらに投資家が電話や店頭で接することができる証券会社の営業マン氏もプロの面々と言えると思う（個人投資家も、たとえビジネスマン兼業であっても、自分の資金を使い、自分でリスクを取り、利益獲得を目指しているという意味で、本来的には堂々のプロフェッショナルであるが、便宜上、ここで言ういわゆるプロの範疇からは外すことにする）。

こうした方々は、大変な情報通である。なにしろ、たとえば証券会社の人たちなどは毎日、それこそ時々刻々、株価ボードを見たり情報収集したりして、何をどうしようかと、ビジネスのネタ探しに頭を絞っておられるのだから。そして毎月、あるいは隔週で発行されるマネー雑誌などを手に取ると、理路整然と個別銘柄の解説もしていらっしゃる。一般の投資家がこうした人々を頼りにしたいという気持ちは分からないでもないが、基本的には過度にあてにしない方が身のため、というのが私の印象である。
経験的に言うと、プロの方々は近視眼的である。つまり、近くは見えるが、遠くは見えない傾向にある。また、これはさらに問題と思うが、時々、ある一つの方向にドォーッと流れがちという感じもある。

●ソフトバンク、目標株価40万円の夢

典型例を言うと、数年前のＩＴバブル時。ある大手外資系証券会社のプロは２０００年2月に、ソフトバンクについて「目標株価40万円」とブチ上げた。このレポートが出た頃、ソフトバンクは飛ぶ鳥を落とす勢いだった。当時、株価は連日上げに上げ、12万円前後だったと記憶している。私は「本当かね」とは思ったが、このレポートも手がかりにして同社の株価はさらに上げ、最高値19万８０００円をつけたのは、この直後のことであった。しかしこの後、ＩＴバブルのもう一方の主役級・光通信の突然の業績下方修正をきっかけにバブルは急激に凋んでいき、ソフトバンク株もその年末には４０００円を切るレベルにまで急降下するのである（この間、同社株は1株を3株に分割）。

40万までいく!?
12万円前後→19万8000円→4000円

どうも証券会社のプロの方々は、株価が上げ出すと「もっと上がる」と言い、逆に下げ出すと「もっと下がる」と言う傾向があるような気がする。ソフトバンクについても、株価が上げている時は業界挙げて「天まで上がれ！」と大騒ぎだったが、下げ出すと弱気一

色。年末、同社株が3800円くらいになった時、ある証券会社は「当社の考える適正価格にまで下がったが、この株はまだ下がる」と、あっぱれなレポートを出した。

まあ、どんな分析でも結構だが、半年か1年足らずで企業の状況はそれほど変わらないはずである。これはともかく、業界総出で上げたり下げたりのお先棒担ぎ。ホンマ、オイソガシイことで、と申し訳ないが、あきれた覚えがある。

もちろん、どのレポートも、担当者はそれなりに一生懸命に分析した結果と思う。他意はないと想像するが、結果として惑わされる（そして、場合により損失を蒙る）のは投資家なのである。こうした経験から、個人投資家はあまり無邪気ではいけないと私は思う。自分の性格の悪さを弁護するようだが、懐疑的、シニカルだね、と言われる程度でちょうどよいのではと思っている。

●大甘、あるいは過度に好意的なレポート

プロの分析に「?」と言いたくなるケースもあった。2001年春ごろだったか。あるIT系企業の話だ。前年上場し、初値は170万円くらいだった。この企業もバブルが弾けた関係で株価は下げの一途となり、この頃は30万~40万円くらいだった。ある証券会社がこの会社についてのレポートを出し、アナリスト氏は同社の行っている業務は将来性があるとし、また当面の売り上げが減少見込みなのは、とりあえず利益第一で受注を絞って

いるからなどと説明し、目標株価について80万円くらいなことを縷々説明していた。

私はこのレポートについて、素人判断ながら「大甘」と感じた。随分、好意的だねと。四季報で調べたら、その証券会社はこのIT系企業の上場の際の主幹事証券だったことが分かった。そしてこの後、レポートの奮戦も空しく、IT系企業の株価はその後も基本的に下げ止まらず、5万円以下のレベルにまで下げた。業績的にも不振が続き、結局他社の資本参加を仰ぎ、身売りとなった。

このレポートのケースがどうかは断定はできないが、プロの出すレポート等について、どれも公正・精緻な分析を標榜しているが、どうも営業的なバイアスのかかったものもあるように私には思えるのである。

アナリストも会社人である。組織の人である以上、組織全体の利益向上に尽くす義務があろう。この結果、歪んだ形のレポートが出る可能性もありうると、私はやはり疑ってしまうのである。会社への忠誠心はそれなりに立派だが、もし歪んだレポートが出れば、被害を受けるのは一般の投資家である。この点からも、投資家は注意が必要だ。

経験的に、プロのレポート等は5割引程度で聞くのがいいように思う。往年のマクドナルドのハンバーガーではないが、「半額!」がいいのだ。

●それでもプロを軽視すべきでない理由

ただし、それでもプロの方々の見方をまったく無視はできないのは、それなりに影響力があって、市場を動かす力があるからだ。仮に間違いであっても、動かす力があれば正しくもなるのが市場である。たとえ、一時的にしても。

市場は、「美人投票」とよく言われる。ここで大切なのは、「美人であること」ではなく、「みんなが美人であると思うかもしれない」と予測する想像力である。

市場で「あの株は美人だよ」と言いふらすのが、プロの人々なのである。影響力もある。だから、一応の関心を寄せるに如《し》くはないのである（投資家が、どういう行動を取るかは、まったく別問題であるべきだけど）。

3 自分で考えることが、とにかく大事

●他人様頼りでは失敗する

前の文とも関連し、表裏の関係になると思うが、ここで強調したいのは「自分で考える」という基本、大原則である。数十万円、あるいは数百万円という自分の大金をリスク

にさらすわけだから、自ら真剣に考え、自己責任で行うのが当然であるが（失敗しても証券会社はゼッタイ責任など取ってくれません）、実際はと言うと、意外と反対のケースが少なくないように思う。

証券会社の方自身、こう指摘する。

「投資家は…自己責任において投資することが必要である。しかし、日本の個人投資家の大多数はこうした投資行動からは程遠いところにある。最も良い例が証券会社の営業マンに向かって『何かいい銘柄ない？』と聞き、ススメられるままに投資してしまう人々である。この投資法の最大の欠点は、自分の投資している内容が把握できていないこと、またどれくらいのリスクを取っているのかがまるでわからないことである」（太田忠『中小型株投資のすすめ』日本経済新聞社）

証券会社頼りとなっている理由は、やはり自分の知識に自信がないということが大きいのかもしれない。証券会社の営業担当者や評論家など、いわゆるプロと呼ばれる人々は、業務として調べ、いろいろな見解を伝え聞き、あるいは自ら作成し、投資家に伝えたり、新聞や雑誌、ラジオ、テレビなどのマスコミ媒体を通じて見解表明を行っている。一見合理的な解説、そして見事なセールストークなので、確かにこうした情報に飛びつきたくなる気持ちはよく分かる。

参考にするのはいいと思う。ただし、最終決定は自分で行わなくてはならない。プロの解説・推奨は、基本的に「疑い」を持って聞き、自分なりに十分検証すべきである。プロの推薦通り売買を行って、何度か勝てても、中長期的にはうまくいかないと私は思っている。

なぜ自分で考えないといけないのか。不十分な自分の知識より、プロの知恵をあてにした方がいいのではないか、と考える人もいると思う。だが、ダメなのである。投資を含めてビジネスの世界で、他人様頼りが長続きすることはありえない。

投資は、いわば真剣勝負である。数字を前に、勝つか負けるかの一本勝負が展開される。買った株式が大きく下落することもまれではない。投資には覚悟が必要であり、信念も必要なのである。それともう一つ付け加えると、プロの情報は手垢がついている。多数が持っている情報である。残念ながら、手垢のついた情報では勝てない。

結論を言うと、分からないなら、やらないことだ。やりたければ、自ら考えるべきである。そして始めるならば、分かる範囲で始めるべきである。

前出の太田氏はアナリストという立場のほか、投資信託のファンドマネジャーの経験も長い外資系証券マンだが、投資家の「何かいい銘柄ない？」といったやり方は愚か者の投資スタイル、と言い切る。私も同様の意見を持っている。

4 就職したい会社と投資すべき会社の違い

●世間の常識の逆を行く

投資を行う上で少し注意が必要なのは、「就職したい、いい会社」と、「株を買うべき、いい会社」は基本的には異なるということだ。どちらも一言で言うと、「いい会社」だが、両者を混同すると、実際のところ投資成果はなかなか上がらない。

就職したい会社は、安定した大企業で業界のリーダー。社員向けの福利厚生が整っていて、給料も高い。やや見栄っ張りのお嬢様などだと、本社は丸の内か日比谷か銀座あたり、建物は超高層のステキな会社——などと言うかもしれない。具体的には、トヨタとか、新日鐵とか、あるいはソニー、東芝、日立とか。

こうした会社は勤めると安定していて、また人聞きもよくていいのかもしれないが、投資対象としては意外と面白くない。超大手企業だから発行済み株数が多く株価の動きは一般に緩慢であるし、市場がいいときも株価の上昇率は高めとは言えないことが多い。まあ、平均的に上がったり、下がったり、というのが通例である。

株を買うべき会社は、市場平均以上の株価の上げが期待できる会社である。そして、そんな会社は、必ずしも会社の規模は大きくない。業界内でも新参。給料は高くない。福利厚生も十分でないことが多い。本社もうっかりすると埼玉県あたりにあり（私もサイタマ県人ですが）、建物も貧弱で冴えない…なんてことも少なくない。

もちろん限度があり、安定企業はダメ、不安定企業がマル、などと言うつもりは毛頭ないが、投資家が「寄らば大樹の下」という思想ばかりでは、なかなか期待ほど勝てないということも事実である。このあたりは投資を行う際、少しばかり念頭に置いておいた方がいいと思われる。

「世間の常識、投資の非常識」はほかにもある。たとえば、投資であまり正義感を振り回してもうまくいかないという真実。

一例を挙げれば、リストラ。当の本人にとってリストラは大変なことで、それを過酷に行う企業は社会的・道義的に否定的な評価を与えられるはずだが、市場では一般的には「評価」される。果敢に経営改革を進めている、との見方である。苦況にある企業が大規模なリストラを発表すると、市場では将来の業績回復を期待して株価は上昇するケースが多いのである。

5 「休むも相場」ということ

休むも相場、という投資格言がある。言葉はよく知っている。私も一応、念頭に入れて投資を行っているつもりである。しかし、打ち明けると実行は本当に難しいと思う。

たとえば、首尾良く持ち株の株価が上昇し、めでたく利益を上げて、売却代金などが手元にあるとする。そうすると、早速次はどの株を仕込むか、あれこれ頭を悩ましている自分に気が付く。

株を売却するときは、一般的に市況がいいときだから、どの株も概ね高めと言える。狙った株について、慌てなくてもいずれ近い将来、株価が下がることは十分に予想できる。だから資金があるからといって、急いで買うことはない。

以上のことは、よく分かっているつもりなのに。だめなのだ。つい、購入してしまう。「今買わないと、もっと上がっちゃうよ」なんて考えて。

今回もそうだった。2004年は3〜4月初めにかけて株価は上昇。売却益もほどほど得られた。私自身、このまま一方的に上昇とはいかないだろうな、とは薄々思っていた。

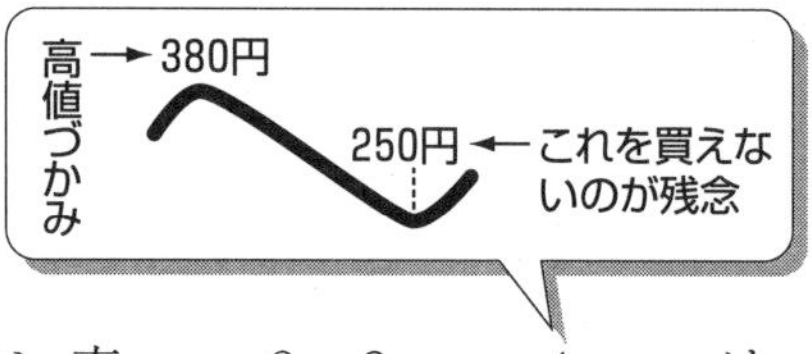

評論家諸氏も「そろそろ危険ゾーン」との警鐘を鳴らしていた。黄色信号である。

でも私は買った。たとえば、オリエントコーポレーションを３８０円で。また住金物産は同２４９円で。

この後市況は予想通り崩れ、この２つの株は１カ月もしないうちに、それぞれ最安値２４１円、１７６円まで下落した。ここで後悔しても、どうしようもないのである。

相場ムードにつられて買ったわけだが、一応の理屈もあるのだ。たとえばオリコは05年３月期の予想１株利益を見ると50円程度あるから、予想ＰＥＲは購入最高値３８０円でも８倍に満たないレベルなのである。

多分、オリコの３８０円はまだ割安と思う（と期待している）。いずれ、利益を得ての売却は可能と思っている。しかし、直後に２５０円で買えていたとなると、やはり反省すべきなのである。「後講釈」とばかり軽視してはおれぬ。百歩譲って、「３８０円買い」は仕方なしとしても、その後の「２５０円見逃し」は問題である。

売った後、買いたいのも分かる。これはありがちなことだ。しかし、ある程度のキャッシュは持ち、波乱に備える知恵も必要だ。「凧の糸と投資のカネは出し切らぬがよし」と先人も言っている。

6 バーゲンセール（急落）はいつ来るか

●年末が弱い、という理由

バーゲンセールはいつ来るか。デパートやスーパーならば、主婦の中には売り出しの勘どころを押さえていて、「バーゲンでしか買わない」なんていう達人の主婦もいるようだが、株ではどうか。

株のバーゲンセールが数日前から告知されているとか、目覚まし時計が鳴るようにタイミングが分かるというハナシはあまり信用できないが、経験的にはあやしい時期というのはあるような気がする。

「バーゲン候補」を挙げるとすると、たとえば10～12月の年末時期である。振り返って見ると、株価的に弱含《よわぶく》むことが多かったような気がする。こんな感覚的なことだけでなく統計的に見ても、私が投資を始めた1997年～2003年の7年間で、この年末時期に日経225種平均が年間最安値を付けたのが4回（97年、98年、2000年、02年）もある。また01年の最安値は9月で、この後やや持ち直したとは言え、年末は年央のレベルから比

年末が弱い理由
○外国人が売る
○節税対策で売り

べるとかなり低い水準で推移した（ちなみに例外は1999年だ。ITバブルの最中。12月に日経平均的には年間最高値を付けた。念のため）。7年のうち、5年は「年末低迷」ということで、私の印象もあながち間違っていたわけではなさそうだ。

年末に、なぜ弱いのか。想像するに、要因の一つは外国人の影響だろう。外国企業の決算期末は12月に集中する。またクリスマス休暇もある。このため、外国人が手じまい売りや節税売りを出す。または買いを手控える、といったことは十分に想像できる。

国内投資家にとって年末は基本的に中立とも思えるが、外国人の動向を見ている投資家の中には、追従の売りなどを出す場合もあるだろう。

こうした事情に加え、国内的にも2003年からは「年末弱気説」を助長する新条件も加わった。税制の改正である。

03年から株式のキャピタルゲイン（売却益）課税について源泉分離が廃止となり、申告分離に原則一本化された。利益分について確定申告を行うという原則である。だから年間ベースで利益が出ている投資家は、年末に低迷している株があれば採算度外視で、節税売りを行うことが容易に想像される。打ち明けると私も行った。こうした売りを敢行した投資家は私だけではないと思う（赤字株の見切り売りに、一応の大義名分がつくのである。詳しくは169ページ参照）。

新制度スタートの03年。この年は年末に年間最安値を記録したわけではないが、りそなへの公的資金注入を契機に回復した株式市況は夏から秋にかけて上昇。10月中旬にピークを迎えて年間最高値を付けたが、その後腰砕けとなり、10月下旬～12月は反落している。私の印象でも、バブル後最安値水準だった春（4月末に年間最安値7607・88円を記録）ほどではないにしろ、年末相場は「弱かった」。このあたり、新税制の影響もあったのでは、と私は見ている。

●決算発表前もご用心

もう一つ、バーゲン候補を挙げると、決算発表前のタイミングである。四半期決算公表の本格スタートは03年からで、まだ十分に具体例が積み重ねられているとは言えないけれど。

上場企業の大多数である3月決算企業の場合、主要どころは4－6月期分の第1四半期決算は7月下旬から、中間期分は10月下旬、4－12月期分は1月下旬、年度決算が4月下旬からといったタイミングで発表される。03年で言うと、このタイミングで市況が崩れるケースが目立ったように思える。

決算発表前に変調する

典型的なのは、中間期決算発表前の2003年10月の相場変調。前述の通り、りそなへの公的資金注入で市況は夏以降基本的に好調だったが、10月21日、朝高の後、理由もなく急落。私が「？」と思っているうちに、さらに22日、23日と大幅続落した。中間期決算は

22日の花王を皮切りに、23日のソニー、NEC、24日の東芝など、主要企業の発表がスタートする、本当に直前の急落だった。

今後も同様のことが起きるかどうか、もちろん分からない。こうした市況の状況を観察している人も少なくないはずで、警戒心が高まれば、こうした傾向が前倒しすることもあるかもしれない。いずれにしても「決算発表前後の変調」リスクについて、一応念頭に置いておくべきと思う。

7 インターネットで取引にスピード感が

●革命的なインターネット取引

世は挙げてスピード時代である。もちろん投資の世界も例外ではない。この傾向を加速したのは、インターネット取引の普及であった。

投資におけるスピード感について、2つの点で指摘できると思う。一つは、売買におけるスピード感である。

インターネット取引が普及する前、対面、あるいは電話が発注の中心だった。投資家は

コストが10分の1に!
他人の手を借りなくてすむ!

証券会社店頭に行き、あるいは電話をかけて、市場の状況を聞き（当該銘柄の現在値とかムードとか、あるいは指値ごとの注文状況を示す板情報を聞くわけだ）、人によっては営業マン氏の推奨なども聞き、ようやく売買注文を出していた。

大変まだるっこい（現在値など、確認し、聞いているうちに、もう変わっているはずだ）。また担当者への遠慮もある（何度も現在値を聞いたり、慌ただしい発注など、なかなかしにくいものだ）。また売買コストも高かった（手数料の自由化前、売買委託手数料は、たとえば１００万円以下の場合、どの証券会社も一律売買総額の１・15％だったから、50万円の取引ならば税別５７５０円かかった。今はインターネット取引ならば、数百円レベルからある。10分の１前後のレベルになったわけだ。以前のコストでは、そうバタバタと売買を繰り返しているわけにはいかなかったはずだ）。

インターネット取引の普及は、革命的だったと言える。コスト的な事情も大きいが、自分で情報を探り、瞬時に発注も可能。他人様を介すことがないというシステムは、私には大変ありがたかった。

結果としてどうなったか。売買の頻度が増えたのである。デイトレードを行う投資家の中には、１日10数回と売買を行う人もあるようだ。その様子は忙しい、というか、大変慌ただしい。

●値動きにもスピード感が

もう一つ変わったことは、値動きのスピード感である。売買が早くなった当然の帰結と言えるが、値動きが大変早くなった。これも強く感じることだ。

新日鐵とか、日立などの超大型株の株価が大きく動いたり、何か材料が出たり、影響力のある評論家がどこかでなにか言うと、瞬時に株価が大きく動くようになったのである。上げ下げが急になったから、たとえば午前中、ストップ高近くまで上げた株が、午後にはもう前日比でマイナスに転じたなんてことも決して珍しくない。よく言えば軽やか、悪く言えば大変慌ただしいのである。

個別株だけではない。市場全体のムードの変化も慌ただしい。何かの事情で、ガラガラと音が聞こえるように市場は急に悪化する。結果、信用取引を行っている投資家の間で追証《おいしょう》（78ページ参照）続出といった事態にもなる。

以前ならこんな場合、回復にもそれなりの日数がかかったが、幸か不幸か、落ち込みが早い半面、回復も早い。追証の処理について、投資家も証券会社も以前よりクールになっているのだと思う。投資家はさっさと見切り売りなどを出すし、証券会社にしても投資家が対応しない場合、機械的に強制的な措置を取るはずである。

さて、30代投資家は中長期投資を目指すべきと言ったが、こうしたスロー投資家もこのスピード化の影響は免れない。さて、どう対応するか。

私は売買などの面で、デイトレード投資家などスピード志向の投資家に調子を合わせることはまったくないと思う。スロー投資家は、自らの「スローさ」を自認し、赤字になったからと慌てず、また黒字になったからといって油断せず、淡々と予定（前後）のレベルまで上げれば売り、下がれば待てばよい。IT時代の恩恵に感謝しつつ、自らのペースを守ればいいのである。

8 増えない株は、株ではない？

株は、増える株を買うべき、と言う人がいる。だからこそ「株」なのだと。確かに一理あるとは言える。いくつか例を。

・ヤフー　1997年11月、ジャスダック（当時、店頭市場）に上場。現在は東証1部。これまでに（2004年9月末日現在）、1株→2株の分割を10回行い、上場時1株購入し、そのまま株を持ち続けた場合の持ち株は1024株となる。上場時の公募価格は70万円。持ち続けた場合の株式総額（つまり現在株価×増殖した株数で計算）は単純計算で約

〈資金の増加例〉
ヤフー→750倍
インデックス→11倍
エン・ジャパン→5.4倍
スパークス・アセット・マネジメント投信→10倍
フォーサイド・ドット・コム→28.5倍

5億3千万円。初期投資額から、実に750倍に膨れ上がったことになる。

・インデックス　01年3月、ジャスダック上場。これまでに4回の分割を実施し、当初の1株は24株に。公募価格55万円。現在の株式総額は約600万円。資産成長率は11倍。

・エン・ジャパン　ネット利用の求人・転職情報提供。01年6月ヘラクレス市場（当時はナスダックジャパン）上場。これまでに分割を4回行い、当初1株は36株に。公募価格120万円、現在株式総額は650万円。資産成長率は5・4倍。

・スパークス・アセット・マネジメント投信　01年12月ジャスダック上場。これまでに分割を3回行い、1株は40株に。公募価格は170万円。現在の株式総額は約1750万円。資産成長率は10倍。

・フォーサイド・ドット・コム　携帯電話向けコンテンツ配信。02年10月、ジャスダック上場。1株→5株の分割を2回行い、当初の1株は現在25株に。公募価格9万5000円、現在株式総額約270万円。資産成長率28・5倍。

とりあえず5例を挙げたが、わずかの期間で資金の増加は数倍〜数百倍になっている。成熟企業への投資ではなかなかこうはいかない。このあたり、新興企業株投資の魅力と言うか、醍醐味と言える。

もちろん、実際の投資ではそうそう単純に利益を上げられるわけではない。取り上げた企業は目立つ企業、つまり勝ち組の高成長企業である。つまり、後講釈。すべての企業がこのように高成長を果たすとは限らない。実際にさて、成長企業投資を、と思っても、どの企業に投資するかなど、そう容易にはいかないはずである。ハイリターン狙いならば、ハイリスク。このことは十分心得ておかなくてはならない。

私は、よく分からないから新興企業投資はあまりしてこなかった。良い悪いでなく、やり方、スタイルの問題である。ハイリスクでもやってみたいという考え方もあると思う。そういう気持ち、分からないでもないが。

9 眠ったような企業はダメ

●行動しない優等生は評価されない

30代の投資家は中長期投資を目指すべき、とは思うが、「睡眠状態」にあるような企業への投資はやはり避けた方がいい、と言いたい。「睡眠状態の企業」とは、一応ほどほどの利益を上げているものの、それだけで、上場企業として魅力に乏しく、結果として株価も長期に低迷が続いている企業である。

たとえば……
中央毛織、東洋製作所、シキボウ、
ユニチカなどの「眠った企業」

具体的にどんな企業がそうか、と問われると、こんなケースで例に挙げて大変申し訳ないが、私が株式を持っていた企業で言うと、たとえば中央毛織なんかどうだろう。東証2部上場。特殊糸に強い毛紡績中堅、と四季報にある。大株主は旧日商岩井（同社から社長が送り込まれている）。有力ビルもいくつか持ち、有利子負債はやや多めだが、まずまずの資産状況のよう。長く基幹だった繊維事業は先細りとなっており、不動産事業で食っている。毎年それなりに利益を出しており（01年12月期は大赤字だったが）、配当も継続しているが、人間でたとえれば「年齢70歳。定年後、年金暮らしのお年寄り」といった風。1株当たり純資産は200円以上あるが、株価はここ数年70〜160円のレンジで収まっている。

あるいは東洋製作所。やはり東証2部で、総合冷凍機専業。三菱重工とニチレイが大株主だから、出はなかなかのエリートだ。こちらもリストラなどを行い、毎期、それなりに利益を出しているが、やや活力に乏しい。人間で言えば、いいとこ出の、やや無気力な中年男といったカンジだろうか（関係者の方々、スミマセン）。1株当たり純資産は300円前後と低位株としては堂々なのに、ここ数年株価は100円台に甘んじている。多分実力はあると思うのだが、なにがダメなのだろうか。私はもう同社株を売却してしまったが、株主は「早く起きて」と奮起を期待していると思う。

また、シキボウ、ユニチカ。どちらも繊維の名門で、資産もあるようだが、本業がいまいち。有利子負債も多くて、こちらは「長期療養中。退院したいが、後遺症も残り、今しばらくは要療養。薬を枕元に、ベットで静かに横になっている」といったカンジか。当然、市場でも人気薄。株価は、なんとか頑張って100円台に戻した——。

以上が、私の目から見た「眠ったような企業」の例である。内容はさまざまだが、こういう企業は東証1部の繊維、東証2部では繊維や機械、電機といったセクターに多いように思える（また、大手企業の子会社に多いような気もする。安穏ムードを受け継いでいるのだろうか）。プロ野球なら、ベテランの万年2軍選手といった企業たちである。

市場には「行動しない優等生より、行動する劣等生を評価する」という言葉もある。ましてや「行動しない劣等生」はもっと買えない。

●流動性に欠ける株は避けるべき

株式の流動性に欠ける銘柄、つまり中小型の銘柄であるが、これらは避けるべきか、買いなのか。

これはなかなか難しい。出来高が少ない銘柄は、いざ売りたいと思っても、なかなかうまく売却できないことも少なくない一方で、何か好材料が出ると、人気が集中し、株価が急騰するという面白さがある。

メリット、デメリットがあるが、私は経験的にはあまりうまくいかなかった。以前買っていた中央毛織とか、東洋製作所とか。低迷期が長く、いつ上がるか分からない。値動きも鈍い。確かに極まれに急に値を上げることもあったが、いらいらが長い分、割に合わないという印象がある。PERとPBRは重要な指標だが、あまり深追いすると失敗する（特にPBR）。いくらこの2つの指標が良くても、「眠った企業はダメ」というのが私の反省である。

東証2部などにある、1日の出来高が数千～数万のベテラン企業は避ける

私なりの結論をまとめると、たとえば東証2部などにある、1日の出来高が数千～数万株（取引単位が千株の場合）程度のベテラン企業は基本的に避けた方が良い。どうせ中小型の銘柄を買うなら、内容がまったく逆の、ジャスダックやマザーズ市場の生きのいい新興企業株にすべきと思う。

10 相場予測はあてにしない

●個別企業のデータにはしがみつく

新聞やマネー雑誌を読んでいると、よく相場予想というのを見かける。新年号あたりだと新春と年間予想、春になると夏以降の動向、夏になると今度は秋以降の大胆予想、って

業績予想と純資産、有利子負債、剰余金などの個別データを重視

な案配だ。もちろんもっと短期で、来月、来週、明日の予想なんてのもある。有名、大物、人気のアナリスト、評論家がどうのこうのとコメントを寄せ、場合によっては右上がりだったり、下がりだったり、ギザギザ山形だったりする、矢印のついた日経平均などの予想曲線も披露していらっしゃる。

私もなんとなく、あれば一応眺めることもあるが、基本的にはあまりこうした相場予測はあてにしていない。どんなベテランでも、カリスマでも、鉄人でも、将来の予測なんてできるものではないし、第一、それぞれがてんでに予測しているので、どの人を信用していいのかも分からない。それぞれのコメンテーター氏が立派ならば立派なほど、それこそ昔習った「矛盾」の故事が頭に浮かんでしまう有様だ。

全体相場の予想はあてにしないが、私が重視しているのは企業の個別データと業績予想である。どの程度の売り上げを見込んでいるか、利益予想は、といった業績予想（これらは基本的に会社の方々が苦心惨憺こしらえ上げた数字である。多少の期待、思い入れがふりかけられていようとも）。あるいは1株当たり純資産、有利子負債、剰余金はどのくらい、といったデータ。こうした予想、データを基に私は考える。現在の株価は安いのか、高めか、まずまずのレベルなのか。つまり投資すべきか、どうか。

業績予想などあてにならないという見方もあるが、私はこうしたデータにはしがみつく方針を取っている。もちろんこの手法がいつも問題なしとは残念ながらいかないが、どれ

もこれもあてにならないという「最悪の」選択肢の中では、とりあえず最良のものとの印象は持っている。

11 信用取引はしない

●空売りの魅力は分かる、でも……

信用取引はオススメしない、と前に書いた。他の人から信用取引について問い合わせをいただいたときも、同様のことをいつも言ってきた。この方針について、「どうして？結構便利だし、儲かりますよ」と言われたことも何度かある。「せっかくコストも下がっているのに」と、気の毒そうに眺められたこともある。でも私はこの点、結構強情なのである。

実を言うと、信用取引には大変魅力的な部分があることは私なりに理解している。市況がいいときは、「あのとき、信用でも利用して、あの株を買っていれば…」と無念な思いをしたことは一度や二度ではない。また市況が悪いときだって、現物買いのみでは基本的に「じっと我慢」しかやりようがないが、空売り（メモ④を参照）を利用すれば、「下げでも利益が狙えますよ」という、天使だか、悪魔だか知らないが、ちょっと気を引くささやきが聞こえてくる。この、市況が上げでも下げでも利益が狙える（あくまで、狙える、である）という信用取引の特徴は、魅力的である。

私も、人並みに欲がある。機会があれば利益を得たいし、なくても何とかして利益が得られないかと、虎視眈々狙っている。まことに浅ましい限りだが、本当だから仕方ない。

信用取引について、これまでいく度「ひとつ、やったろか」と力んだことか。株価の低迷が続いていたときも、「空売りすれば」と結構真剣に思ったものだった。

●誘惑に負けていたら……

しかし、冷静に振り返ってみると、信用取引を行わなかったことは、少なくとも私の場合は正解だった。投資を始めてから、金融危機、あるいはＩＴバブル破裂後の株価低迷など、ずいぶん厳しい市況が続いた。仮に信用取引で株を買っていたら、かなり赤字を抱え、現在投資など行う余裕もなく、それどころか借金を抱えている――という事態になっていた可能性が高いと思う。

折々、頭にひらめく信用取引の誘惑をどのようにして断ち切ってきたか。「やりません」という主義主張だけでは、どうも危うい。そこで私は、信用口座を持たないことを方針にしてきた。「信用をやってみようか」と思っても、信用口座がなければ始まらないから。

打ち明け話をすると、（こういう言い方は誤解を招くかもしれないが）私は自分を信用していないのである。それほど自分が意志堅固とも思っていない。だから信用取引をやらないと決めていても、何か事情が変わると自分で都合の良い理屈を付けて取引を始めかねないと疑っている。

だから、方針堅持のためには意思プラスαの仕掛けが必要になる。信用口座なしは、信用取引はしないという私の方針を担保する仕掛けなのである。

メモ④ 信用取引はメリットもあるが、リスクも大きい

●仕組み解説

信用取引とは、投資家が証券会社に委託保証金を預けることで、証券会社から資金や株券を借りて行う取引のこと。投資家は一定額の保証金を積むだけで、持ち金以上の（あるいは、保有していない株式の）売買ができ、現物取引に比べて少ない元手で多額の投資ができる。信用取引による、株式の買いを信用買い（空買い）、売りを信用売り（空売り）と呼ぶ。

預ける委託保証金は、取引金額の30％以上が必要。原則は現金だが、株式や国債など有価証券でも代用が可能だ。

信用取引の仕組みは、たとえば信用売りの場合だと――。

①ある銘柄の株価（たとえば５００円）が、今後下がると予想
②委託保証金を積み、証券会社などからその銘柄を（たとえば）１万株借り受け、売却。手元に５００万円入る
③売却した銘柄の株価が４００円に下がる
④４００円で１万株買い戻し、証券会社などに１万株を返却
⑤差額分（５００万円−４００万円、つまり１００万円）が利益となる（手数料など考慮せず）

このケースの場合、思惑通り株価が下がったので利益が得られたが、逆に上がった場合は損失になる。

信用取引を行うには、現物取引の口座とは別に、信用口座を開設しておくことが必要。また信用取引できる銘柄は、上場の銘柄すべてではない。証券取引所が選定した銘柄に限られることも注意が必要だ。

信用取引の主なコスト
①取引手数料
②信用買いの場合、2%の金利
③信用売りの場合、1.15%の貸株料

信用取引のコストとしては、信用取引手数料の他、信用買いの場合、借り受けた取引資金に対して金利がかかる。この金利は証券会社により異なるが、２％前後（年率）のこと

が多い。信用売りの場合は、貸株料がかかる。こちらも証券会社により異なるが、1・15％程度（年率）が多い。

信用取引は、取引資金の返済や借り受けた株式の返却などで決済するが、この決済には期限があり、通常は6ヵ月。ただ、最近はこの期限をなくした「無期限信用」取引のサービスを提供する証券会社が増えている。この取引は、期限に縛られず投資を行えるメリットがある。ただし、無期限信用の場合、借り受け資金などの金利は高めになっているので注意する必要がある。

●値下がりなどで発生する「追証」

もう一つ、信用取引で注意しないといけないことは、「追証」である。

追証とは、建て玉の評価損や担保価値の目減りなどにより、追加で差し入れなくてはならない保証金のこと。建て玉に対して一定の率を下回った場合に差し入れが必要になる。この一定の率を「最低保証金維持率」と言う。この最低保証金維持率は証券会社により異なるが、25～30％程度にしているところが多い。株価の値下がりなどで、最低維持率を割り込み、際限なく追証を求められることもありうるわけだ。

追証の例を具体的に見てみる。たとえば、最低保証金維持率25％、委託保証金率30％の場合（以下は簡略化のため、手数料など諸費用は考慮しない）――。

委託保証金率は

（委託保証金－評価損）÷建て玉総額

で計算する。この結果が25％未満となると追証発生となり、30％以上になるまで追加保証金の差し入れが必要になる。

例として、

- **100万円の委託保証金**
- **A銘柄を1000円で2000株購入（信用買い、建て玉総額200万円）**
- **その後株価が700円に値下がり（評価損60万円）のケース**

この場合、委託保証金率は

委託保証金100万円－評価損60万円＝40万円
40万円÷建て玉総額200万円

で、20％となる。これは最低維持率25％を割り込んでいるため、追証発生となる。追証金額は、追証差し入れ後、委託保証金率が30％以上になることが必要。つまり、建て玉総額200万円×委託保証金率30％で、60万円以上が必要となる。

結果として、追証は、

必要保証金60万円－（委託保証金100万円－評価損60万円）

で、「20万円」以上となる。

12

株投資の魅力は複利の威力

●株式の醍醐味は複利で利益を上げること

株式投資の魅力（醍醐味）は複利で利益を上げることにあると思っている。つまり利益が利益を生む循環をうまく活用することである。

もちろん前提条件がある。首尾よく投資で利益を上げたからといって、それをむやみに使ってしまわないことだ。利益は再投資しなければ、複利効果は当然ながら期待できない。しかし何とか資金を市場で回すことができれば、複利メリットは預貯金の比ではない。

複利の威力。よく引き合いに出されるのが、アメリカインディアンの土地取引の話だ。17世紀初め、先住民のインディアンたちはアメリカ大陸を訪れた白人に24ドル相当のアクセサリーなどと引き換えでマンハッタン島を譲った。大航海時代の詐欺的取引の代表とされるが、もし先住民たちが24ドルを銀行に預け、年利8％で複利運用したら、24ドルは現在30兆ドルもの資金に膨れ上がっており、先住民の子孫たちは開発されたマンハッタンを丸ごと買い占めてもあり余る資金となっているというオハナシ――。あくまで理屈上の話だが、複利と時間をめぐるメリットの説明としては、なかなか良くできていると思う。

投資は、預貯金と違って利子（利益）の繰り入れが半年ごとではない。利益が出て、再投資を繰り返せば、連続複利法とはいかないまでも、年間で数回以上の複利効果も可能だ。

ちなみに計算してみると、1割の利益を複利で回すと、8回目に2倍を達成、10回だと元金の2・59倍になる。やりようだが、株式取引で1割の利益を出すのは決して夢物語ではない。また、仮にこの利益率を3割としたら、もっとすごい。3回で2倍を超え、10回だと元金は13・78倍に膨れ上がる。

ただし、念のため言うが、以上は当然ながら利益が得られた場合の話である。投資では勝ちもあれば、負けもある。つまり、もし負け続けるとマイナスの意味で複利効果が発現する。注意が必要だ。

13 投信をあまり評価できない、いくつかの理由

●ただのお金集めの道具？

日銀が発表した2004年3月末の家計資産に関するレポート。これによると、総額1

412兆円に上る家計の金融資産のうち、現金・預金は55％を占め、米国（13％）の4倍以上。一方、株式の比率は日本が8・2％で、米国（33・1％）の4分の1。投資信託の割合も日本は2・4％と、米国（12・5％）の5分の1となっている。日本の家計はリスク資産を避けて、安全確実（預貯金が安全確実とは言えない時代に移行しつつあるが）志向が相変わらず強いことが分かる。

さて、ここで取り上げるのは投資信託（投信）である。投信は多数の投資家から集めた資金をプロである専門家が債券や株式に分散投資し、利益を配分する金融商品。預貯金では満足できない、でも株を自ら売買するほどの知識も時間もない、あるいはそれほどまとまった資金がないという人にはメリット大、というのがセールストークである。

本来ならば、こうしたメリットに着目してオススメと言いたいところだが、私は現時点で、どうも既存の投信のほとんどをあまり信用できないというのが本音である。

こうした印象を持っている理由の一つとして、投信が単に証券会社の金集めの道具になっているのでは、という疑いを払拭できないという点にある。

2000年前後のITバブル期、投信が人気となり、大量の新規投信が設定された（代表は、大型投信としてしばしば話題になるノムラ日本株戦略ファンドであろうか）。この頃よく言われたのは、今のファンドは以前の、つまり1980年代後半のバブル期のそれとは内容レベル的にまったく違う、ということだった。

国内の主な追加型株式投信の運用成績

（9月2日、QUICK調べ）

ファンド名	運用会社	基準価格（円）	騰落率（%）6カ月	騰落率（%）1年	騰落率（%）3年	純資産残高（億円）
ノムラ日本株戦略ファンド	野村	5802	△8.0	△16.7	△7.5	3823
ノムラファンドマスターズ日本小型	野村	11280	—	—	—	901
ノムラ ジャパン オープン	野村	5657	△6.8	△12.3	▲3.0	1195
ノムラ・ボンド&ローン・ファンド	野村	9464	△1.3	△6.4	△14.5	1201
米国優先証券オープン	野村	8950	△1.2	△1.3	△15.3	1063
ハイイールド ボンド オープンB	野村	8547	△2.1	△3.5	△17.0	451
ワールド・ゲノムOP Bコース	野村	11043	▲0.1	—	—	412
小型ブルーチップオープン	野村	6068	△15.4	△29.3	△19.0	663
日興エボリューション	日興	9369	△26.5	△41.0	△50.8	942
「債蔵」	日興	10052	▲0.2	△0.1	—	1188
「グローバルREIT」	日興	10596	△3.3	—	—	1211
「Jグロース」	日興	7891	△5.7	△12.7	△4.0	902
日興ジャパンオープン「ジパング」	日興	6196	△5.1	△10.9	▲12.7	1421
UFJ米国債券インカム「夢咲月」	UFJ	8389	△1.1	▲2.7	—	555
豪ドル毎月分配型ファンド	UFJ	9904	▲6.4	△7.3	—	1135
ピムコハイ・インカム（ヘッジ無）	UFJ	9633	△1.3	△3.9	—	1100
チャイナオープン	UFJ	7616	▲11.3	△15.4	△30.5	455
「受取物語」	UFJ	7480	△0.2	▲4.0	△1.3	1628
ファンド・オブ・オールスター・F	UFJ	7433	△9.7	△16.5	△10.2	606
ダイワ・バリュー株「底力」	大和	10064	△6.7	△16.3	△14.5	522
ダイワ高格付米ドル債（毎月分配）	大和	8523	△0.2	▲2.9	—	592
「デジタル・凱馬」	大和	9625	—	—	—	556
アクティブ・ニッポン「武蔵」	大和	5259	△3.9	△8.3	▲1.8	1044
デジタル情報通信革命「0101」	大和	5091	▲5.2	▲1.8	△5.6	854
新世代成長株ファンド「大輔」	大和	5897	△10.7	△18.1	△9.2	504
ダブル・日本株P	大和	2348	▲0.3	△10.6	▲8.9	810
ブランドエクイティ	新光	6583	△3.2	△6.3	▲5.1	403
海外国債ファンド（毎月決算型）	新光	11513	△0.3	△6.2	—	1039
海外投資適格社債「IGファンド」	新光	9188	△0.3	△4.4	—	456
米国投資適格債券ファンド（毎月）	第一勧業	9900	△0.7	—	—	563
ワールド・ソブリン「十二単衣」	日本	10394	▲0.1	△4.2	—	1987
グローバル・ソブリン（毎月）	国際	7824	▲0.4	△4.1	△23.9	32874
ユーロランド・ソブリン・インカム	国際	8480	▲0.3	△9.8	△41.7	1352
グローバル・ソブリン（3カ月）	国際	7940	▲0.4	△4.2	△24.2	1741
JFグローバルCBオープン'95	JPMF	10066	▲2.7	△5.9	△20.1	898
JFチャイナ・ファンド「昇龍」	JPMF	14104	▲13.0	△10.3	—	612
T.ロウ・プライスUSインカム	大和住銀	10033	△1.5	—	—	762
チャイナ騰飛	大和住銀	9186	▲11.9	—	—	1037
大和住銀日本バリュー株「黒潮」	大和住銀	9310	△10.2	△18.6	△13.4	449
富士USインカムオープン毎月決算	富士	9340	△0.6	△1.6	—	452
富士スリーウェイオープン	富士	9363	▲0.6	▲0.1	▲3.1	870
ニッセイ／パトナム・インカム	ニッセイ	7482	△0.6	▲1.9	△5.7	8382
MSマンスリーインカム・ファンド	モルガン・S	4921	△3.9	△5.2	△8.6	522
フィデリティ・中小型株・オープン	フィデリティ	11744	△13.4	△29.3	△49.9	542
フィデリティ・ジャパン・オープン	フィデリティ	10103	△4.0	△12.3	△17.2	3562
フィデリティ・日本成長株	フィデリティ	12610	△4.2	△12.4	△16.7	4164
フィデリティ・日本小型株ファンド	フィデリティ	23537	△16.6	△31.7	△46.7	745
「妖精物語」	ゴールドマン	10419	▲0.2	△3.5	—	1971
ガリレオ	ゴールドマン	10580	▲2.5	△0.5	△13.5	477
バラエティ・オープン	ゴールドマン	9316	▲3.1	△5.8	△21.7	579
「コロンブスの卵」（Bヘッジ無）	ゴールドマン	11336	△4.3	—	—	864
ダ・ヴィンチ	ゴールドマン	9996	▲4.4	△2.8	△5.5	730
アライアンス・ハイ・イールド	アライアンス	4369	△1.8	△4.1	△16.3	727
NKコンパス（ポートフォリオA）	アライアンス	6416	△1.4	△1.5	△14.4	1336
グローバル・チャンピオン	アライアンス	7019	△0.3	▲2.7	△0.7	767
「ラストリゾート」	AIG	10039	▲0.7	△4.7	—	1295
東京三菱外国債券（毎月分配）	東京三菱	10847	▲0.1	△5.5	—	2543
グローバルボンドポート（毎月）	興銀第一ライ	11018	▲0.2	△5.5	—	446
「ぶんぱいくん」	興銀第一ライ	9963	▲0.1	△5.4	—	786
シティ毎月分配型ファンド	シティグループ	8945	△0.2	▲5.2	—	664
シティオーストラリア毎月分配型F	シティグループ	9411	▲6.1	△7.1	—	978
住信外国債券オープン（毎月決算）	住信アセット	9954	▲0.0	△5.4	—	644
新成長ファンド「G・カバーズ」	安田	9859	—	—	—	657
さわかみファンド	さわかみ	12646	△10.1	△16.8	△26.2	764
「フルーツ王国」	ユナイテッド	10260	△2.2	△1.2	△7.6	476
三井住友・日本株オープン	三井住友	7772	△7.1	△13.9	△6.2	565
三菱信海外債券オープン（3ヵ月）	三菱信	10896	△0.2	△6.0	—	867
三菱信グローバル・ボンド（毎月）	三菱信	9798	▲4.7	△8.0	—	1072
PCA米国高利回り社債オープン	PCA	9462	△1.5	△2.8	—	1115
米国政府証券F「メイフラワー号」	フランクリン	8085	△1.2	▲2.5	—	3375

＜表の見方＞ 掲載基準は2004年6月18日時点の純資産残高上位70本（上場投資信託、株価指数連動型投資信託などは除く）。騰落率は分配金を分配月末に再投資したと仮定し、毎月の騰落率を累積する方式で計算。△はプラス、▲はマイナス

（日経の資産運用ページ（毎週日曜掲載）にある。掲載された投信は、純資産額の多い、主要な投資信託。6ヵ月、1年、3年の騰落率が出ている（2004年9月5日の紙面から））

曰く。以前の投信は、運用を行うファンドマネジャーの能力も低く、組み入れる株式も、ともすると親会社の証券会社が推奨販売した後の「シコリ玉」を都合良く、割高にはめ込んだケースもあった。しかし、今は実力あるファンドマネジャーが育ち、銘柄選定では成長性を見ながら、ボトムアップ・アプローチ（企業訪問して、その実力・将来性をチェックする）で組み入れ銘柄を厳格に選定している——と。

2000年当時大流行だったのが、「カオが見える運用」ということだった。新聞などの投信募集告知ではファンドマネジャーの顔・ポーズ写真が一緒に掲載され、彼らのスゴ腕、やり手ぶりがマスコミなどでいろいろ喧伝された。「カリスマ」ファンドマネジャーなる人々が大々的に登場したのもこの頃だ。

●コストが高い

で、しばらくしてどうなったか。ITバブルの崩壊とともに、「高レベル」「高品質」のはずだった投信は無惨に基準価格を崩してしまった。ノムラ戦略ファンドは半年で2割以上の大幅下落。その後、半値以下になり、一時は6割も下げた。市場平均を上回る下落ぶりだが、ほかの投信も似たり寄ったり。バブルとともに登場した「カリスマ」たちは、バブル崩壊とともに姿を見なくなった。ファンドマネジャー氏の顔写真も掲載されなくなった。投資家の間に残ったのは、昔ムカシのいわゆる「低レベルの投信」と一体どう違って

販売手数料2〜3%
信託報酬　1〜2%

いたの、という疑問である。

またコスト的な問題もある。投信のコストとして、主に販売手数料と信託報酬がある（ほかに解約時の費用として信託財産留保額がある）。この２つのコストは投信によりさまざまな設定になっているが、販売手数料は２〜３％、信託報酬は１〜２％程度の投信が多い。つまり１００万円投資した場合、最初の１年は３万〜５万円近くの負担が必要になる計算だ。これをどう見るかだが、私は高いと思う。

また制度的にも歪みがある。証券会社や銀行などの販売会社は当然「売ってなんぼ」の世界だから、顧客が窓口などを訪れた場合、オススメするのは「いい」「悪い」というより（このいい投信、悪い投信の判断自体、難問である）、手数料の高い投信をススメがちである。これは事の善悪でなく、人の経済行動として当然のことだ。

だから付言すると、投資家が投信を購入しようという時は、何を買うか、十分に検討してから窓口に行くべきである。本人があやふやだと、「売れている、いい投信があります」と、しっかりと手数料が高い投信をススメられるのがオチである。この意味で、投信を購入するにも自分なりの研究は不可欠である。

さて、こうした諸々の事情から、私は現在、投信をあまり評価していない。投信を購入するならば、個別銘柄を買いたいというのが私の立場である。もちろん、それでも資金的な事情や、時間的な事情から、やはり投信を、という方もいると思う。それはそれで、個人の判断で購入するのは結構なことであると思う。

蛇足ながら、そんな場合は前述の事情で、やはり何を買うかを事前に十分検討することが必要と思う。そしてもし検討の結果、自信がなければ、東証株価指数連動型（日経平均連動型ではない。日経平均連動型は対象銘柄が限られ、また入れ替えなどもあり、時として歪んだ値動きとなるケースがある）のＥＴＦ（上場投資信託、あるいは指数連動投信）やインデックスファンドをオススメしたい。理由は、主にコスト的な事情からだ。とくにＥＴＦの場合、通常の投信と比べるとコストは10分の１程度である。

おススメは、
東証株価指数連動型 ETF、
インデックスファンド

14 よく読み、見ること、そして想像すること

いろいろ言ってきたが、投資で成果を上げるポイントは、「よく読み、見ること。そして想像すること」ではないかと思う。よく見るとは、皆がデイトレーダーになって、パソコン画面にかじりつけ、ということではもちろんない。常識的なことで申し訳ないが、新聞を読んで、ニュースを見て、さらに四季報などを読んで考える――ということである。

市場というのは常に唐突で、いつも思いがけないハプニングの連続である。正確に動き

17 企業財務2 13版

伊藤園、経常益15%増
10月中間 猛暑で飲料販売好調

伊藤園は一日、二〇〇四年十月中間期の連結経常利益が前年同期比一五%増の百二億円となる見通しだと発表した。従来予想は九十六億円。猛暑で「お～いお茶」を中心に販売が好調で、飲料の販売数量が期初計画を上回る。通期の業績見通しは従来予想を据え置いた。

中間期の売上高は二一%増の千四百十二億円。従来予想を五十億円上回る。五－七月の飲料の販売数量は前年同期比一九%増えた。販売数量増をけん引したのは日本茶飲料。主力商品「お～いお茶」の売上高が二六%増えた。「黒酢で活性」などの機能性飲料や野菜飲料も伸びた。

営業利益は前年同期比一三%増の百五億円の見通し。販売数量の増加に加え、大型ペットボトルより利益率の高い小型ペットボトルの比率が高まる。売上高拡大に伴い、販売手数料や物流費は増加する。純利益は一五%増の五十五億円の見通し。従来予想を五億六千万円上方修正した。

同日発表した二〇〇四年五－七月期の連結業績は売上高が前年同期比一七%増の七百十八億円、経常利益が二・〇倍の五十一億円、純利益が二・二倍の二十七億円。通期の業績は秋以降の販売動向を見たうえで、十二月の中間決算発表の際に見直す可能性がある。

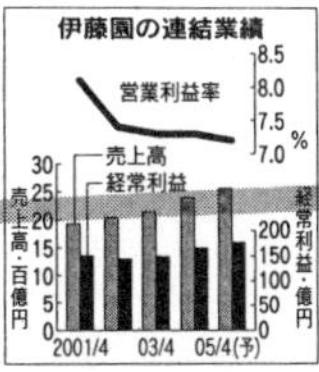

四半期

決算期	売上高（億円）	経常益（百万円）	利益（百万円）	1株益（円）
伊藤園(2593)				
03.5－7連	614	2567	1262	27.9
04.5－7連	718	5124	2762	61.6
04.10連中予	1412	10250	5500	120.6
巴工業(6309)				
03.11－04.7連	317	1227	586	58.8
04.10連予	458	1670	740	70.3
グリーンクロス(7533)				
03.5－7単	12	▲16	▲19	—
04.5－7単	12	5	1	0.3
トップカルチャー(7640)				
03.11－04.7連	159	594	292	64.1

会社名（証券コード番号）の後の数字は総会日、または中間配支払い開始日。■は単独決算。決算期の中は中間決算、予は通期の日本経済新聞社の予想、♦決算期変更または変則決算、▲損失、配当欄の記は記念配含む。不動産投資信託の配当は分配金。1株益の実績は期中平均株式数で算出。連結決算で1株配は本体の配当。米国基準の経常利益は税引き前利益。四半期の－は未公表（1株益の場合は未公表または損失）

業績予想修正・配当異動

（会社発表、▲は損失、★は従来発表通り、－は未発表。米国基準の経常利益は税引き前利益）

決算期	売上高（億円）	経常利益（百万円）	利益（百万円）
ＳＦｏｏｄｓ (2292)			
2004.8連中	190	850	450
オープンインタフェース (4302)			
2004.9連中	12	160	200
2005.3連本	35	450	450
アルチザネットワークス (6778)			
2004.7本	17	158	98

阪神調剤薬局 (2723)
2005年3月期末に5円配当を実施（2004年3月期は 7.5円、2004年11月22日付で1株を2株に分割）する。

シモジマ (7482)
2004年9月中間期に東証第1部指定を記念し5円の記念配当を実施、年間配当は30円（2004年3月期は普通配当のみ25円）となる。

エスケイジャパン (7608)
2004年9月中間期に東証・大証第1部指定を記念し5円の記念配当を実施、年間配当は17円（2004年3月期は記念配当5円含む17円、2004年5月20日付で1株を 1.3株に、11月19日付で1株を 1.1株に分割）となる。

亜細亜証券印刷 (7893)
2004年9月中間期に東証第1部指定を記念し2円の記念配当を実施、年間配当は20円（2004年3月期は普通配当のみ18円）となる。

（2004年9月2日の「企業財務」の紙面。本決算、中間決算、業績予想修正・配当異動、財務短信などが出ている。紙面では、発表されたデータの中から主なものを記事として詳しく取り上げる。こうしたデータ・記事は、当日以降の株価に直結する）

をつかむなんてことは、無理だ。ただ、中長期のトレンドを予想するということならば、可能な余地はあると私は思っている。投資の世界に「長期では驚くようなことはないが、短期では驚きの連続だ」（チャールズ・エリス『敗者のゲーム』鹿毛雄二訳、日本経済新聞社）という言葉があるが、経験的にもこれは真理と思う。

日々の新聞には、企業の新しい事業展開や新規受注、さらにリストラや合併・提携といった記事が掲載されている。企業財務ページを見れば、最新の売り上げ・利益の状況、増資や株式分割の情報も得られる。また四季報などを読むと、意外な企業が意外に割安な株価で放置されているといったことを発見するケースもある。

これほど具体的でなくても、為替の動向とか、原油価格の今後など、株価に影響を与える指標について、専門家の見方も紹介されていたりして、一応の検討材料程度にはなるはずだ。

投資は想像力が勝負、とも言える。ある事実を土台に、短期、中長期の今後を想像するのである。もちろんこうした「想像力」はいつも当たるとは限らない。ただ経験を重ねると、精度が高まるということはあるような気がする。

15 こういう商品には要注意

●だまされない対策

この章の最後だが、極めて大切なことに触れておきたい。トラブル対策、もっと言うと、だまされない対策、ということだ。

金融の自由化が進み、雑誌や新聞、あるいはラジオやインターネットなどには投資商品の広告がにぎやかである。新しい金融商品も増えている。そして、「投資家はリスクに負けるな」――と。

この本でもいろいろと「株式投資のススメ」を言ってきた。株式投資を中長期の視点で行うことは、30代あるいは40代の、決して特別の金持ちでない「普通の人たち」にとってメリットがあるとの判断があってのことだが、この前提として「悪徳業者などのワナに陥らない」「変な商品をつかまない」があることは当然である。

詐欺事件、金融商品トラブルの類は過去も現在も後を絶たない。そして金融ビッグバンが本格的に進展する中、大変怖いことだが、こうした事件、トラブルが今後さらに増えることは確実と思われる。

自分は大丈夫と考える方がいらっしゃるかもしれない。しかし、そういう方こそむしろ危険である。過去のケースで言えば、全国で2000億円を超える被害が出た純金ペーパー商法詐欺の豊田商事事件、50億円以上の被害を出したオレンジ共済詐欺事件、全国5万人から1500億円以上集めた全国八葉物流事件など。また金融事件とはちょっと違うが、カネをだまし取られるという意味で、昨今大流行の「オレオレ詐欺」。いずれも本人がうっかりしていて被害に遭うケースもあるが、しっかりとした、注意深い人が被害に遭ってしまうケースも少なくないのである。

詐欺事件のターゲットは主にお年寄りだが、30代もうかうかしていられない。手口は時に強引で、巧妙化もしている。だから投資などを行う場合、自分もダマされる可能性がある、と気を引き締めることが肝要と思う。

●買ってはいけない商品

以前、投資専門誌『オール投資』（東洋経済新報社）で、「（ビギナーが）買ってはいけない金融商品　ワースト10」を特集した（２００3年3月1日号）。ここで同誌は、危ない商品（素人が手を出すべきでない金融商品）として、以下のものを挙げている。

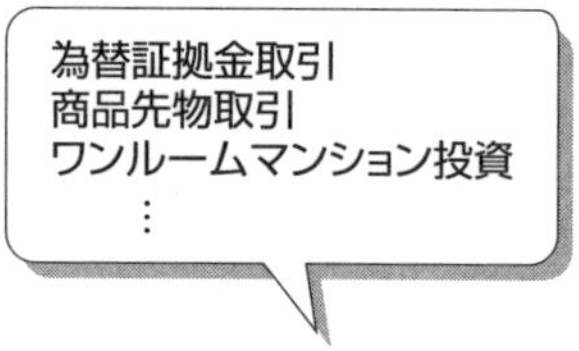

・詐欺的商品（言わずもがな、か。昔からいろいろあった。多分今もあるし、将来もあるだろう。お互い、くれぐれも注意したいもの）
・為替証拠金取引（外貨の信用取引。一定額の証拠金を事前に支払い、それを担保に外貨を売買する取引。ハイリスク。悪徳業者の暗躍もあるとのこと。ご用心）
・商品先物取引（対象は金やプラチナ、大豆やゴム、ガソリンなど多彩。少ない委託証拠金で大きな投資が可能。リスク大）
・ワンルームマンション投資（利回りなど、投資効率について十分なチェック必要。流動性にも難あり）

・ＥＢ（他社株転換社債。一時大変なブームになったが、最近はあまり出回っていない（？）仕組み債の一種。株価が上がると高い利息が期待できる。逆に下がると、元本部分は値下がりした株券で戻ってくる）
・リスク限定ファンド（名前の通りリスク小だが、ついでにリターンも小さい傾向。コストは一般に高め）
・キャンペーン金利の外貨金融商品（利率アップは限られた一定期間だけ。ウソではないが、そのメリットは…。優遇内容は十分検討すべき）
・変額年金保険（保険商品と投資信託の、合わせワザ的商品。コスト高め。中途解約コストも高め）
・商品ファンド（各種の商品先物を投資対象とした「投資信託」。仕組みは一般に複雑）
・ご当地ファンド（郷土愛などをくすぐる投資信託だが、運用はやりにくい？）

10商品は悪質・違法なものから、「初心者の方には、あまり一般的にはオススメできません」というレベルの商品まで、内容はさまざまだ。しかし大変妥当な選択であると、私は思っている。

投資するに値する商品の条件として私が思うのは、

・仕組みがシンプルであること（構造が複雑なもの、このため収益構造や時価が分かりにくいものは避けたい）
・コストが安い
・流動性がある（売りたいときにすぐ売れる）
・過度にリスクが高くない

である。この条件に一つでも抵触し、問題ありと思われる商品は、基本的に疑ってかかるべきと考える。

昨今、リスクは高め（よく調べると、たいていはコストも高め）、仕組み複雑ながら、ハイリターンを謳っている新金融商品が売り出されているが、私には30代の中長期投資家が購入すべき商品とは思えない。米国の指導的な投資専門家であるチャールズ・エリスも著書『敗者のゲーム』の中で、「新金融商品に投資してはならない。ほとんどは投資家に保有されるためというより、投資家に売るために設計されている」と警告している。

株式投資でも、たとえば１００万円を短い期間で1億円にするなどという「究極の投資法」を謳うケースもあるが、こちらもあまり信用しない方がいいと思われる。後講釈で理論的には可能でも、現実はそうそう甘くないし（経験的に身にしみている）、場合によっては大変危険な投資手法になるケースもある。

トラブルや詐欺的取引、あるいは過度に危険な取引をどうやって避けるか。私はこれだけすれば万全という対処法は残念ながらないと考えている。消極的だし、一見いかにも頼りないが、万事用心深く事に当たり、常識を働かせて対処するしかないと思っている。

3章

私の投資［成功例と失敗例］

8つの観点から点検する

「他山之石　可以攻玉」（他山の石　以って玉《ぎょく》を攻《みが》くべし）

（「詩経」小雅、鶴鳴より）

300回の売り買いの経験のエッセンス

投資を始めて約7年。これまで合計300回程度の「売り」と「買い」を重ねてきた。売却に際して利益を得たケースもあった半面、失敗に甘んじた例もある。安ど感、反省相半ばであるが、ここでは具体的にどんな銘柄を買い、どう売却したか、私の事例を振り返ってみる（銘柄データのうち、購入株価は加重平均した株価。ただし2004年分は特定口座（168ページ参照）で言う買付価格。売買損益は原則、手数料、税を考慮していない概算。購入時PER、同PBRは複数に分けて購入している場合は、原則として最初に購入した当時のデータを記した。なお、「購入時PER」の記載のないケースがある。東邦レーヨンや新日本理化などだが、決算が赤字予想の場合、当然、1株予想利益はないわけで、PERは算出不能のため記載をしていない。記載のないもう一つのケースは商船三井で、これは購入時はナビックスラインを買い、その後同社が商船三井と合併したので、記載をしていない）。

1 低位株が好き

私は投資を始めた時から、株価数百円程度の低位株が好きだった。調べたことはないが、全取引中、多分8割程度がいわゆる低位株への投資となっているはずである。何がいいのか、と問われても困るが、株数をなるべく多く持った方が見栄えがいい（?）感じだし、シアワセな気分に浸れるという、個人的な気分が動機だったような気がする。

今回、この項で取り上げた銘柄は8つ。いずれも投資を始めた頃から目を付けていた銘柄である。順位は不同。単純に売却の早い順に並べた。

●東邦レーヨン、現在は東邦テナックス。投資を始めた頃は、繊維株をずいぶんと購入した（資産リッチ、そして低位株が多かったからだろう）。この流れの中で目を付けた銘柄である。

・東邦レーヨン（現東邦テナックス）
①8000株　購入株価 150・625円→売却株価 252円
売却益81万1000円（売却日1998・3・19）
購入時PER－　同PBR 1・0倍
②2000株　168円→183円
売却益　3万円（99・12・1）

最初の取引。当時は日清紡系だったが、現在は帝人系列に変わっている。伝統の繊維事業は低迷していたが、炭素繊維事業はトップ級で、私もこの事業の将来性に期待しての買いだった。買った当時、保証債務にかかる特損計上で最終赤字続き。株価も以前は３００～６００円程度していたのに、２００円を割るほどに下げていた。１００円台は割安と考え、仕込みを始めた。株価の上げ下げが意外と大きく、上がりだしたら50円程度の利幅は取れるかなと期待していた。平均コスト約１５０円。思惑通り２５０円程度になったところで心置きなく売却した。

・日新製鋼

①６０００株　１５４円→１７６円
売却益 13万２０００円（98・5・6）
購入時ＰＥＲ 22・3　同ＰＢＲ 0・6倍
②４０００株　１０４円→１８０円
売却益 30万４０００円（99・4・13）
③９０００株　76円→１２３円
売却益 42万３０００円（03・6・24）
購入時ＰＥＲ 7・5　同ＰＢＲ 0・3倍
④１万株　91円→１３３円
売却益 42万円（03・7・2）
⑤７０００株　１６３円→１８４円
売却益 14万７０００円（03・12・2）

●日新製鋼は以前から何となく好きな会社で注目していた。投資家の観点からすると、鉄鋼業種の中では財務が比較的健全で、配当もしっかりと行っていたこともプラス材料だった。投資を始めた後、何回か売買を行った。

　その後一時離れたが、２００３年5月、何気なく新聞の株価ページを見ていたら、日新製鋼が80円程度にまで売り叩かれていることに気が付いた。そんなに内容悪

⑥1万株　　206円→215円
売却益 9万円（04・3・23）
⑦1万株　　225円→228円
売却益 3万円（04・4・19）
⑧2000株　　225円→228円
売却益 6000円（04・4・20）

の価格レベルはどう見ても割安と考えて、買いを決めた。株価76円で9000株。期待通り、この後すぐに株価は上昇。この時の株は約1カ月後、123円で売却した。

・**北海道銀行**
①8000株　　117・584円→160円
売却益 33万9328円（98・5・12）
購入時PER 43・5　同PBR 0・4倍
②4000株　　117・584円→158円
売却益 16万1664円（98・5・13）

かったかなと思い、四季報と会社情報を見ると、確かに02年3月期は大幅赤字で無配。しかし03年3月期、04年3月期は回復基調。PERは7倍台、PBRは0・3倍程度。復配も見込んでいる。こ

●道銀は97年秋に、当時の北海道拓殖銀行との合併構想が持ち上がっていた。道銀自体も不振だったが（だから株価は急落、100円スレスレにまで低迷した）、拓銀との合併では主導権をそれなりに取れる雰囲気もあったため、道銀主導の合併を期待して株を購入した。しかし両行経営陣の確執から合併は破談となり、拓銀は経営破綻。道銀は大丈夫との思いもあったが、多少ハラハラした。しばらくして利益を得て売却したが、この際はほっとした。

・オートリ
1万株　145円→285円
売却益 140万円（99・4・13）
購入時PER 30・2　同PBR 0・5倍

●オートリは繊維会社でジーンズ織布が主体だが、オリコと提携しカード・信販事業をスタートさせていた。業績的には繊維事業が不振で最終赤字を重ね、株価は以前の400円レベルから200円を割り込むレベルにまで落ち込んでいた。
しかし遊休の不動産も豊富で、この土地資産を活用すれば最悪の事態になることは考えにくいし、信販事業も拡大が見込めると判断し購入した。

振り返ってみると、当時は企業の所有土地資産に着目して株をよく買っていた（土地含み益に期待しての買いである）。ただし最近は、保有不動産の多寡に注目して株を買うことはほとんどなくなった。というのは、たとえ土地・建物といった不動産を多く保有していても地価などの下落で、含み益というより、含み損を抱えているケースも少なくないからだ。また時価会計制度の進展で、含み損益という概念自体の重みも以前に比べ薄れつつある。

・プリマハム
6000株　122・67円→183円
売却益 36万1980円（99・5・10）
購入時PER 17・3　同PBR 1・5倍

●プリマハムは経営不振で、株価が低迷していた（こうしてみると、経営不振の企業ばかり買っている。低位株が好きとはいえ…。振り返るとコワそうな話だが、当時は気にならなかった)。

買ったのは、リストラを行い、累損一掃の年次計画が打ち出されていたこと。また伊藤忠が経営再建を全面的にバックアップしていたことが背景である。つまり株価は低迷しているが、破綻懸念は少ないこと。また株価の中期的な上昇も期待できる、との判断である。結局、120円台で買い、180円台で売却できた。

・安田信託銀行（現みずほ信託銀行）
5000株　104円→183円
売却益 39万5000円（99・5・10）
購入時PER 5・3　同PBR 0・6倍

●安田信託は旧芙蓉（富士銀行）グループ。金融不安の渦に巻き込まれ、97年には高値491円から49円まで売り込まれた。98年はやや平静を取り戻し、300円弱～100円程度で上下していた。破綻不安も頭をかすめたが、縮小均衡ながら生き残ることは可能と判断。弱気ムードとなっていた98年7月、100円前半は買い時と思い、104円で購入した。買った後も多額の有価証券含み損の報道など、少なからずハラハラした(97年から99年にかけて、財閥系金融機関も破綻を本気で心配しなくてはならない世相だった。すごい2年間だったと思う)。約1年後、利益を得て売却したが、ハラハラドキドキの投資はすべきではなかったと反省した。

●新日本理化は大阪1部。業績やや不振で株価は1000円台から、200円前後に急落していた。買ったのは、①業績は下げ止まりの傾向が見えていたこと。

・新日本理化
1万株　213・5円→455円
売却益 241万5000円（99・7・2）
購入時PER －　同PBR 0・5倍

次期は復配見込みとなっている　②株主資本比率は51％と、しっかりしていること。1株当たり純資産も400円近くある　③借入金は55億円程度で、年間売り上げ250億円企業として決して多くない。金融収支もプラス。つまり財務はしっかりしていて、経営破綻などは考えにくい——が動機。我ながら、ずいぶんシブい銘柄に目を付けたと当時も思った。

200円強で購入。この後やや低迷したが、その後上げて455円で売却。この投資、もちろん文句はないのだが、この株、売却直後にさらに急騰して800円以上になった。多少は悔しい思いもした。

・東京建物
1万2000株　208・17円→268円
売却益 71万7960円（01・8・6）
購入時PER 26・4　同PBR 0・6倍

●東京建物は旧安田系の不動産会社。少しずつ購入して1万2000株まで買い集めた。100円台になったり低迷期も長かったが、あまり心配はしていなかった。

た。同社の低迷が長かったのは、過大な有利子負債が原因である。買っていた頃、売り上げが８００億円程度なのに、借入金が２３００億円程度あり、金融収支も60億円程度のマイナスだった。つまり財務悪。それでも買う気になったのは、優良な賃貸ビルを多数持つ資産リッチ企業で、キャッシュフローも十分あると見ていたからだ。

何度か上げ下げしたが、３年ほど継続して01年夏に売却、利益が出せた。だからと言うわけではないが、好きな株だった。

2 何はともあれ、まずＰＥＲ

銘柄探しをしているとき、四季報などを見ていてとりあえずチェックするのはＰＥＲである。つまり株価収益率。私の銘柄選択の第一のふるいというわけで、これが低ければ、ナニナニと気持ちが動く。もちろんこれだけで決めるわけにはいかないが、ＰＥＲが低くて、利益の伸びが期待できるとなれば、「第一印象　合格」といった状況にはなる。

・**東海東京証券**
①**2万株　244円→264円**
売却益 40万円（2004・1・19）
購入時PER 10・7　同PBR 0・9倍
②**5万7000株　263円→357円**
売却益 535万8000円（04・3・15）
●東海東京証券は東海丸万と東京が合併し、収益力は増していた。02年3月期、03年3月期は連続して最終損益は大赤字。しかし04年3月期は一転、大幅黒字の予想だった。同期は経常利益70億円、最終益67億円予想。最終益は過去最高見込みである（それまでは94年3月期の11億円が最高。合併しているとはいえ、大幅更新である）。復配も予定している。

株価は03年冬の株価下落で、高値395円から240円程度に急降下の下落。PERは10倍程度。データはいずれも「買い」を推奨していた。

この株は260円程度で一度売ったが、この後も「スキあらば」と買い時を狙っていた。実際、売却後、250円前後で再投資を続けていた。そんな中、新聞の財務ページで同社の03年4-12月期決算が発表になっていた。見てみると、この9カ月間ですでに年間経常利益見込額を上回っていた。これを見て同社の業績好調を再確認。多少買値を上げても「もっと買うべき」と判断、さらに仕込みを続けた（最終的に5万7000株まで仕入れた。一銘柄にあまり集中的には資金を投じないのを旨とする私としては、やや例外的な入れ込みだった）。

同社はこの後、業績回復を受けて四季報などの予想を上回る10円の期末配当を発表。株価は期待通り値を切り上げ、売却に際しては1株当たり100円近い利幅が得られた。

・オリエントコーポレーション
1万5000株　256円→297円
売却益 61万5000円（04・3・15）
購入時PER 6・4　同PBR —

●オリコはオートローン最大手。不良資産処理で業績低迷が続き、一時は38円まで売られた株である。経営破綻も言われていたように思うが、みずほグループの支援でなんとか復活を果たし、04年3月期に念願の最終黒字復帰を目指していた。

03年の高値は297円（10月）。この後市況悪で164円まで再下落（11月）、その後再び200円台に戻していた。04年3月期の最終益予想は263億円。これで計算すると、1株利益は39・7円。確かに依然有利子負債は過大だが、PER5〜6倍程度は破綻しない限り、割安と考えた。

いろいろ考えたが、私は結局「買い」を決めた。みずほの支援態勢、オリコそのものの収益力の回復ぶりを考えると、破綻の方向に向かうことは考えにくいと考えたのである。

平均購入株価は256円。売却は前年秋の高値297円に敬意を表して、同値となった時点で動いた。

・三菱化学
①1万5000株　289円→314円
売却益37万5000円（04・4・6）
購入時PER20・6　同PBR1・8倍
②1万株　289円→309円
売却益20万円（04・4・9）
③1万株　297円→313円
売却益16万円（04・4・15）
④1万株　297円→314円
売却益17万円（04・4・19）
⑤1万株　297円→255円
売却損－42万円（04・5・17）

●三菱化学は、他でもない三菱グループの総合化学首位。立派すぎて、本来ならばあまり買いたい企業ではない。本当のところを言うと、3月半ば、期末配当目当てで購入した（株価300円弱で予想配当4円ならば悪くないと思った）。配当の権利を手に入れたら、多少の利益さえ得られれば、いつでも売却し、他の株に乗り換える思惑だった。

　つまり、いわゆる貯金箱。ただし、貯金箱足りうることだって難しいのである。第一に、何より安定性が必要だ（購入した途端、株価大幅下落では大変困るのである）。第二に、いつでも売りたいときに売れるように、流動性に優れた大型株であることが望ましい。第三に、前述の通り期末という時期だから、配当もほどほど欲しい。

　こんな難題をクリアしてくれたのが、三菱化学だったというわけだ。潰れる心配は、……多分ない。04年3月期の最終益は過去最高見込み（結構である）。予想1株利益は14・2円だから、PERは20倍程（すごく低くもないが、まあ常識的だ）。予想配当は4円と、まずまず。

それで、表のように配当権利が確定した後の4月に入ってからちょこちょこ売っている。04年5月の急落はやや予想外だったが（05年3月期の減益を突然発表した）、まあ仕方ないだろう。いくら三菱サマでもそんなことはある。ちなみに5月17日の売却（損が42万円も出た）は、ある別の銘柄があまりに下げていたので、この株の購入のため、赤字に目をつぶって売却した。この売却損はきっちりと、いずれ利子を付けて返してもらう所存である（負け惜しみに聞こえるかな?）。

3 銘柄に信頼あればこそ投資

以下の5銘柄は、いずれも複数回の売買で利益をもたらしてくれた銘柄である。お世話になった私の「優良株」と言える。

・クラボウ
①3000株　159・25円→166円
売却益 2万0250円（2000・12・26）
購入時PER 61・2　同PBR 0・5倍
②2000株　159・25円→216円
売却益 11万3500円（01・4・23）
③1万5000株　159・25円→221円
売却益 92万6250円（01・7・31）

●クラボウに目を付けたのは、株価が低位の繊維企業の中でも、業績の安定度に優れ、財務も堅実だったからであった。

購入していた頃の銘柄データを見ると、1株利益は10円台～数円台。1株当たり純資産は300円近くあり、株主資本比率も5割近い。売上高1300億円で借入金は330億円程度と、こちらも過大ではない。最終益確保も安定的である。配当も継続的にしっかりと出していた。これに対し株価は、300円台から200円台へ、さらに100円台へ、と下げていた。私の平均コストは160円程度。このレベルは、同社の実力から言って割安と見ていた。

割安とは思えたが、人気から外れた地味な業種・企業ということもあり、なかなか割安レベルを抜けられない痛みもあった。つまり万年割安状態なのである。ただそうは言っても、1年に1回か2回、さすがに上げるときもある。私はそれを楽しみに、気長に継続していた。

・東海カーボン
①4000株　234円→302円

●東海カーボンは三菱系で、カーボンブラック首位。こちらも超安定企業である。

売却益27万2000円（01・3・26）
購入時PER15・9　同PBR0・8倍
②2000株　243円→254円
売却益2万2000円（03・6・30）

1株当たり純資産290円。株主資本比率6割。連結剰余金330億円。有利子負債200億円。配当はほぼ5円で安定的。1株利益15円程度。子会社の東証2部、東海高熱も堅実な優良企業である。これで株価240円程度は、やはり割安であろう。300円台は当然、という気がする。

むしろ、優良企業は分かった。でも投資って、そんなもんじゃないのではないか。多少の危険を冒してこそ、より多くの利益も得られる。超安定企業に投資したって、利益は知れているよ、なんて批判が出るかもしれない。

分かる。でも、いいのである、私は。そんなにバカ儲けできなくてもいいのだ（もちろんできるに越したことはないけれど）。もし割安と判断し、利益が得られる可能性が高ければ、利益幅うんぬんはともあれ、私は喜んでその株買います（これだって、言うほど簡単ではないのである）。

・トレンドマイクロ
①1000株　2335円→3390円
売却益105万5000円（01・12・10）
購入時PER51・2　同PBR5・8倍
②500株　1615円→1923円
売却益15万4000円（03・5・26）

●トレンドはウイルス対策のワクチンソフト大手。こちらは私の低位株投資主義の原則から外れた、値がさ株である。

ITバブルの時、同社株は人気株で、株価はうなぎ登りだった。最高値3万3

０００円。私は当時、二極化相場の中、天井なしに上げる情報・通信株を横目に、底なしに下げる低位株を抱え、わが身の不甲斐なさ・無力さを嘆くばかりだった。夜目、遠目、カサの下（女の子が美しく見えるのだという…）。外からこのトレンド様をうかがい、嫉妬そして憧憬の鬼と化していたのである。

そして1年半。ＩＴバブルが破裂し、分割も行い、「高嶺の花」トレンド様は手の届く、あるいは手を出してもよいと考えるレベルにまで降りてきた。私が同社株を買ったのは、降臨してきたトレンド様を目の当たりにして、こうした過去の鬱積した思いがなしたわざと言えなくもないと思う。

米国の同業他社の業績不振報道でお付き合いの急落、２３００円程度になったところですぐに購入。１０００円の利幅を取って売却した。

2度目の時。もう同社株に対して歪んだトラウマはなかったが、何気なく新聞を見ていて１６００円程度に下落しているのに気が付いた。この際は一応ＰＥＲも確認（25倍程度だった）。これ以上の下げは限定的、むしろ上げ余地ありと判断して購入した。期待通り、多少の利益を得て売却した。

・商船三井
①1万6000株　350・0625円→385円
（旧ナビックスラインを購入、後に合併）

●商船三井についてもともとは同業のナビックスラインを購入した。98年頃、見込み利益の割に割安と思える株価で放置

売却益 55万9000円（03・8・13）

②1万5000株　406円→459円

売却益 79万5000円（03・10・15）

されていたからだ。平均購入価格は約100円。商船三井との合併が決まったのはその後。私は商船三井の社風は好きだったから（雑誌記者時代、何度か同社を取材したことがある。基本的に明るい、誠実な社風と感じていた）、歓迎だった。

ただ、問題は合併比率であった。存続は商船三井。ナビ3・5株を商船三井1株と交換するという条件であった。つまり私の商船三井1株のコストは一気に350円程度なる。商船三井の株価は当時、200円前後だったと思う。なんたる比率！　なんたる不合理！　不満だったが、両社の経営者同士が合意して、どうしようもない。この合併により、大幅な含み損となった。

売却には多少時間がかかるな、と観念した。赤字を出してまで売却する気はなかった。結局、この株を売却したのは03年夏だから、ナビックス購入から5年以上、合併決定から4年半待ったことになる。予想以上に時間がかかった。

2度目。同社は業績好調を満喫していた。その割に、PERなどから見て株価はまだ割安に見えた。もう一度同社株を購入、今度は株を購入してから1カ月半で売却した。この売却では、前の5年以上継続した売買よりも多い利益を得た。投資ではこういうこともある。

・**住金物産**
①5000株　　131円→145円
売却益 7万円（04・2・25）
購入時PER 45・2　　同PBR 1・2倍
②5万株　　146円→186円
売却益　200万円（04・3・24）

●住金物産も買った途端株価は下げ続け、売却まで大変時間がかかった。最初に購入したのは99年5月で、当時の株価は174円。この後最安値40円（01年12月）まであった。我がコトながら、スゴイ株に惚れたものであると思う。ようやく03年になって上げに転じ、売却は04年2月。5年近く継続した計算。いずれ株価は回復すると考えていたからだが、それにしてもよく粘ったもの。

4 相手を知る、値動きを知る

この項の5銘柄も何回か売買している、「野田商店のお得意様」銘柄である。2章でも触れたが、同一銘柄の値動きを継続して見ていると、銘柄の癖とか、さし当っての変動幅が分かるケースも多い。こうした銘柄の「習性」を掴むことで、大勝ちはできないまでも、多少の利益をすくうことができたりもする。

5銘柄は、いずれもそんな手法で売買した事例だ。最も典型的なのはコスモ石油か。最初の購入価格は198円だが、後の3回はいずれも218円で購入している。当時、経験的にこのあたりならば、割安と安心して買っていたわけだ。逆に売りは230円前後。同社株はしばらくの間、215円～235円程度で上げ下げしていたのである。

●凸版印刷は、普通は低位株とはあまり言わないはずだ（通常、同社株は千円台の銘柄である）。この意味で、私が常にターゲットにしている銘柄とは言えなかった。

・凸版印刷
①3000株　787円→909円
売却益36万6000円（2003・7・4）
購入時PER22・0　同PBR0・7倍
②4000株　942円→981円
売却益15万6000円（03・9・5）

印刷業界2強の一角。安定した収益力。積み上げた利益剰余金は5000億円。一方、有利子負債は1400億円と、堅固な財務。文句なしの優良企業である。スバラシすぎて、この意味でも私の興味の外だったが（コンスタントに買われているので、割高はあっても、割安にはなりにくい）、03年春以降、市況低迷に押されて株価が700～800円前後まで下げていた。このレベルだと、買いたいという気も起こる。近年にない株価レベルであるし、1株当たり純資産1000円強から見ても、大変なバーゲンであるからだ。

6月に787円で購入し、売却目標を1000円に置いた。1カ月ほどで900円まで上昇、その後もみ合っていたため「頃合いかな」と909円で売却した（私は何かを購入した際、必ず売却目標株価をイメージしている。しかし、面目ないことだが、その目標株価で売却したことはほとんどない。たいていはその前に売却している）。同株については、その後も９００円台で上下していた。８月末に９４２円で再度購入、１週間後、９８１円で売却した。

・伊藤忠商事
①１万２０００株　３２３・92円→３６６円
売却益50万５０００円（03・８・20）
購入時ＰＥＲ11・４　同ＰＢＲ１・２倍
②１万３０００株　３６０・３８５円→４０１円
売却益52万８０００円（03・10・14）
③３万１０００株　３８６円→４１０円
売却益74万４０００円（04・３・５）
④２万株　４４０円→４４５・05円
売却益10万１０００円（04・３・17）

●伊藤忠は言わずと知れた、商社大手。低位にあり、私が好きな銘柄の一つである。

業績は低迷していたが、四季報予想などから見ると、ようやく04年３月期になり反転の雰囲気も出ていた。こうなると狙い目と考えた。まず03年７月に平均３２０円程度で仕込んだ。１株利益は28円あり、ＰＥＲ11倍は割安と考えた。８月になり、この１万２０００株は３６６円で売却できた。

市況の回復に乗り、同社株もじりじりと下値を切り上げていたが、４００円（ＰＥＲで15倍以下）までは買えると思っており、この後も２回ほど売買を重ねていた。しかし購入４回目の４４０円はやや調子に乗りすぎたかな、と少し反省した。高値掴みの心配である。

幸い、購入直後やや下げたが、すぐに再び上げたため数日で多少の利益を得て売却した。

●住友ベークは四季報を読んでいて見つけた株である。中位株。総合樹脂加工大手。利益剰余金620億円、有利子負債370億円。株主資本比率57％。立派な会社と言える。1株当たり純資産は480円。同社も業績は03年3月期を底に、上昇気配が四季報からうかがわれた。

・住友ベークライト
①6000株　569円→630円
売却益 36万6000円（03・8・29）
購入時PER 27・1　同PBR 1・2倍
②1万株　592・8円→659円
売却益 66万2000円（03・10・22）
③5000株　698円→731円
売却益 16万5000円（04・4・23）

四季報を見ると、5年程度のレンジで650円あたりが底値だった。しかし業績不振＋市況低迷で、03年前半は400円を割り込むレベルにまで下げていた。その後、株価は上昇しており、買い時と判断できた。

この株について、目先的には600円前後は買い、650円前後は売りと考えていた。本来ならば最低800円は狙いたい銘柄だが、時間も掛かりそうである。慣れない中位株でもあり、ほどほどの利益が得られれば利益を確定する方針を当初から決めていた。500円台～700円台で、3回ほど売買した。

・コスモ石油
①1万株　198・1円→233円
売却益34万9000円（03・9・22）
購入時PER11・4　同PBR0・6倍
②5000株　218円→228円
売却益5万円（03・9・25）
③5000株　218円→234円
売却益8万円（03・10・9）
④2万株　218円→234円
売却益32万円（04・1・8）

●コスモ石油に目を付けたのは、何よりPERの低さ。04年3月期の予想1株利益は17・4円。２００円でも予想PERは11倍に過ぎない。同業他社に比べて有利子負債が多めのためか、株価が上がらず、「万年割安株」の雰囲気もあるが、業績見込みは悪くないので「買い」と思えた。

まず03年7月に２００円弱で買い、その後も２００円台前半で3回仕入れ、つまり計4回買い入れた。株価の動きはやや緩慢だが、配当もあるし、下値不安も少ないし、ありがたい銘柄である。

・丸紅
①2万1000株　203円→223円
売却益42万円（04・1・15）
購入時PER9・2　同PBR1・2倍
②8000株　210円→211円
売却益8000円（04・2・13）
③1万5000株　210円→217円
売却益10万5000円（04・2・20）

●丸紅は低位の商社株。長く見てきたが、意外と買うタイミングがなく、04年になって初めて購入した。同社を購入したのは、長い低迷から抜け、業績も回復基調と判断したためだ。04年3月期の1株利益は22・1円。株価２００円ならば、P

ERは9倍である。

業績は回復見込みだが、「病み上がり」のためか、株価はやや勢いに欠け、長く200円から230円程度を行ったり来たりしていた。私は割り切って、細かく売買を繰り返していた。

5 つい惹かれる「配当」「株主優待」

ちょっと情けないことだが、配当や株主優待は意外と魅惑的で、これに惹かれて株主になってしまうということは往々にしてあるものだ（私だけでないことを祈るばかりである）。

たとえば日航。私が最初に買い込んだ株だが、会社自体の安心感もあったが、妙に株主優待の割引券が欲しくて、これが同社株購入の決定打になった。手に入れてしまえば、何てことないモノなのだけど。

石井食品は高配当と、株主に送られてくる自社商品セット（3000円相当）が嬉しかった。我が女房ドノも欲張りなのは同様で、後々まで「あの株はどうしたのッ？　商品セットは来ないのッ？」と、うなされたように言っていた。

・日本航空
①1000株　426円→502円
売却益 7万6000円（1998・3・6）
購入時PER －　同PBR 2・8倍
②3000株　426円→460円
売却益 10万2000円（99・8・24）
株主優待割引券あり

・焼肉屋さかい
1000株　860円→1428円
売却益 56万8000円（01・6・5）
購入時PER 9・6　同PBR 1・4倍
配当01年は10円、株主優待券3万2000円

・ユニダックス
2000株　405円→520円
売却益 23万円（02・4・22）
購入時PER 6・6　同PBR 0・5倍
配当02年は15円

・レオックジャパン（旧ソデッソジャパン）
5000株　481円→360円
売却損 －60万5000円（04・4・30）
購入時PER 16・4　同PBR 2・5倍
配当03年は12円、04年は8円

・石井食品
3000株　280円→320円
売却益 12万円（99・7・1）
購入時PER 20・6　同PBR 0・6倍
配当99年は8円、株主優待3000円相当の商品セット

・安楽亭
①1000株　960円→540円
売却損 －42万円（02・2・12）
購入時PER 15・2　同PBR 3・2倍
②1000株　960円→610円
売却損 －35万円（02・4・8）
配当02年は10円、株主優待券1万2000円

・ハドソン
①3400株　545・647円→705円
売却益 54万1800円（03・5・29）
購入時PER 8・8　同PBR 1・1倍
②1300株　800円→1168・077円
売却益 47万8500円（03・10・22）
③500株　1157円→1257・6円
売却益 5万0300円（04・4・13）
配当03年は26・5円、04年は28円

さかいと安楽亭は、これはもう配当以上に優待券が目当てだ。特にさかいは1000株持っていると、年間3万2000円分の食事優待券がもらえる。家族5人で、3回行けたゴチソウサマです。ハドソン、レオックは、こちらは高配当が魅力だった。

以上の7銘柄、もちろん買う際には他の銘柄同様、将来の利益見込みや財務状況を確認したわけだが、「買い」を決めるにあたって、配当や優待内容が頭にチラついていたことは否定できない。

ただ、優待などで本人はトクした気分になっているが、肝腎の株で売却損を出していたら、どうしようもないのである。さかいは良かったが、安楽亭は2000株で合計77万円の売却損を出してしまった、多少の配当や優待券で喜んでいても割にはまったく合わないのである。こうした基本はやはり、ちゃんと確認していないといけない。

6　一応、新興企業株も買いました

私は新興企業株はあまり買わなかった。別になにか偏見などあるわけではもちろんない。むしろスカイロケットのように株価が上がる銘柄もあって、うらやましい思いで見てきた。

買わないのは、よく分からない銘柄が多いこと、分かりそうなものはすでに手が出ないほどに株価が上がってしまっていること、低位株はあまりないこと、などが原因である。

しかし、と思うのだが、新興企業株というのは、株価が上がれば上がるほど買いたくなり、下がれば下がるほど買いたくなくなるのは本当に不思議である（不思議じゃないかな？）。いつも売買している低位株はそんなことはないのだが（むしろ下がると買いたくなる）。個人的には興味深い投資家心理であると思う。

それでも、いくつか買ったことはある。勢いのある銘柄に関心が向くのは前述の通りだが、実際の購入はというと、相変わらず自分の慣れた手法である、下げている銘柄にこだわった。この手法がいいのかどうか……分からない。ともあれそれで、失敗したり、成功したり。

なお、取り上げた銘柄の平均購入株価が妙に細かいケースがあるのは、何回かに分けて株を購入した場合は、加重平均にしていること。また2004年に売却した場合、特定口座での取引となっている。特定口座の買付単価は買いのときの売買手数料を自動的に株数で均等分割し、実際の購入価格に上乗せしていることなどが原因である。念のため。さて、個別銘柄を見ると――。

・ドリーム・トレイン・インターネット
2株　50万6000円→22万8000円
売却損－55万6000円（2003・1・20）
購入時PER－　同PBR45・5倍

●ドリーム・トレインはもともとは三菱電機系の中堅プロバイダー。後で、東京電力系列に変わっている。

回線品質重視で、顧客満足度の高いプロバイダーとして知られていた。これも購入の動機の一つだが、一番心を動かしたのは株価が大幅に下げていたことだ。同社は00年9月に当時のナスダックジャパン上場で、公募価格は280万円。この後一貫して下げ続け、私が買った価格は50万6000円。そろそろいいかな、と判断しての購入だった。四季報などで見ると、業績も回復ムードだったのである。

しかし結果的には、まだまだ、だった。相場の格言に「落ちる短剣を掴むな」というのがあるが、まさにこの通り。私は、落ちている短剣を掴んでしまった。買った頃、50万円前後でしばらく上下していたが、その後40万円台→30万円台→20万円台と下げ、さらには10万円台にまで下げてしまった。

結局03年始め、東電グループが系列化のために株式の公開買付を行い、私も保有継続を断念し大赤字で市場売却した。「公募価格レベルになったら、どうしようか」なんて甘い夢も見たが、現実は厳しかった。

マネックス証券（今はマネックス・ビーンズ・ホールディングス）
14株　111159・29円→196000円
売却益 11万8170円（03・6・30）
購入時PER－　同PBR 1・6倍
●マネックス証券はソニーブランドのネット専業。上場来高値14万4000円まであったが、その後の市況悪で購入当時1万円前後にまで下げていた。上場時の公募価格は4万5000円。赤字続きだが、時価総額150億円は割安と考えて購入した。半年ぐらいして上がりだし、1株あたり8000円程度の利益を得て売却した。

この株は売却後、同じネット専業の日興ビーンズ証券との経営統合発表などもあって猛烈に上げ、一時20万円を超える価格になった。「早く売りすぎて残念」という思いも少しはある。でも、1万円というのも大バーゲンだったけれど、20万円というのも少しやりすぎじゃない？　って感じもする。

・スペースシャワーネットワーク
①5株　24万2800円→28万8000円
売却益 22万6000円（03・10・17）
購入時PER 17・4　同PBR 2・1倍
②28株　19万4876円→22万2857・14円
売却益 78万3472円（04・1・22）
③7株　20万0165円→25万円
売却益 34万8845円（04・4・16）
●スペースシャワーは伊藤忠系のCS・CATV向け放送事業者。同社も01年4月のジャスダック上場時の公募価格40万円を大きく割り込んでいるのに着目して購入した。ウォーレン・バフェットの「株式市場というところは、教育よりも娯楽に高い金を払うもの」という言葉が頭にあって、将来性も見込んで購入したように思う。

同社株とは割と相性がいいのか、3回売却して3回とも利益を得ている。だからもちろん、同社は大好きだ。

●レーサムリサーチは不動産資産運用などを行う不動産会社。不動産証券化や債権回収事業など、時勢にあった事業を展開していると判断し、同社株を購入した。

・レーサムリサーチ
8株　14万4277円→6万8000円
売却損－61万0216円（04・2・20）
購入時PER 36・2　同PBR 3・7倍

当初の購入価格は01年4月の公募価格（140万円、後に1→10の分割）をやや上回っていたが、事業内容に将来性ありと考えて購入した。

しかし、購入後、株価は期待するようには上がらなかった。業績自体は悪くない印象だが、株価はズルズルと下げ続けた。最安値は4万円台もあった。基本的にこんな場合は継続が私のパターンで、同社の先行きを楽観するところもあったが、低迷が続く様子を新聞などで見ているうちに、妙に持っているのが嫌になった。で、決心して、赤字売却。気分的な理由で売却した珍しいケースであった。

●ＣＣＩはネット広告専業の最大手。電通とソフトバンクが大株主。ネット広告の将来性に期待しての購入である。この株、10万円を割った時期もあったが、市況が回復した03年半ば以降、おおむね15万～30万円のレンジで上下していた。だから20万円以下ならば「黙って買い」、市況にもよるが25万円までなら「買いも可」という方針を取ってきた。
同社株、こうした作戦が奏功し、何回か利益を得ることができた。

・サイバー・コミュニケーションズ（ＣＣＩ）
①5株　17万9189円→24万円
売却益　30万4055円（04・4・1）
購入時ＰＥＲ　267・5　同ＰＢＲ　10・7倍
②12株　24万0140円→25万6416・66円
売却益　19万5320円（04・4・12）
③12株　24万0096円→26万4083・33円
売却益　28万7848円（04・5・7）

新興株の取引について感想を言うと、本来的にはやはり勢いのある株を買うべきかな、という思いはある。私のように、下げた株とか、あるいは大手企業の系列会社株ばかり買うといった手法は、まあよく言うと堅実（大負けのケースがあるのにナンですが）だが、新興株投資の醍醐味を大いに味わえる投資法とは言えないという気もするのである（これは反省である）。

積極的な投資家の中には、本当に勢いのある、独立系の事業会社株を購入して、10～100倍にも資金を増やしているケースもあるようで、私にはなかなかできないな、と思う昨今である。30代の中長期投資家の皆さんには私のような投資スタイルも悪くないですよと、オススメしたい程度の自負はありますが。

7 低PBRなど、過信は失敗の元

さて、これまでの項目は比較的勝ちパターンが多かったが、読者の方々の中には「そうそう、いつもうまくはいかないだろう」とお思いになっている方もあろうかと思う。その通りである。残念ながら、いつもうまくはいかない。売却損もそれなりに経験しているのである。この項、そして次の項ではそんなケースを振り返りたいと思う。

この項で取り上げた6銘柄はいずれも、PBRなどで割安と判断して買ったものの、基本的に盛り返すことなく敗れた銘柄である。タイトル通り、数字の過信は失敗の元となる。

・東食
4000株　125・5円→2円
売却損－49万4000円（1997・12・24）
購入時PER 251・0　同PBR 0・3倍

●現在の四季報、会社情報に東食の名前はない。経営破綻し、上場廃止になっているからだ。だから同社のコード番号8034は現在、欠番である。

同社はもともとは三井物産の流れを引く、名門の食品商社。破綻する前の期まで年間配当6円を行う、堂々の中堅商社だった。しかし97年8月、子会社などに対する保証債務などで経営危機が表面化、400円程度だった株価は1ヵ月で100円前後に急落した。

私は同社株について結構強気だった。いざとなったら、三井グループが付いている、だから株価の大幅下落は「買い」だ、と。しかし、この判断は甘かった。

当時、つまり97年秋から冬にかけて、北海道拓殖銀行や山一證券が破綻するなど、金融危機は深刻になっていた。旧財閥系の厚みがあるとはいえ、三井グループ中核のさくら銀行（現在の三井住友銀行）も支援余力をほとんど持っていなかったらしい。三井系の名門商社は多額負債の表面化から半年も持たず、あっさり破綻した。株価も破綻決定後、当然の急落。私も2円で売却するのが精一杯だった。ちなみに私が初めて売却した株が、この株価2円の東食株であった。

・レナウン（今はレナウンダーバンホールディングス）
1万株　96円→52円
売却損－44万円（97・12・24）
購入時PER－　同PBR0・3倍

●レナウンは当時、ファッション業界最大手。ダーバンなど有力グループ企業を傘下に持ち、業界に影響力を誇っていた。ただ経営の混乱もあり、最終赤字が続いていた。株価も400円前後から、97年に入って200円台に落ち、同年冬には100円割れとなっていた。

レナウンについても、私は強気だった。ここ数年巨額の赤字は出していたが、長年にわたって蓄積した資産もある。当時の株主資本比率40％は立派なものだし、借入金８４０億円は少なくはないが、売り上げ２０００億円企業としては手に負えない数字とも思えない。神宮前にあった本社に行ったことのある私は、「いざとなったら、あの本社を売れば、結構な価値だよね」なんて思っていた。

毎日下がる同社株だが、それでも強気に何回か細かく買いを入れていた。そんな際、当時電話注文していた証券会社の担当者から「お買いになるのはいいが、レナウンは危険ですよ。買い注文は控えたほうがいいですよ」と忠告されてしまった。

このときは、「そうかな」程度だった。強気はそれほど変わらなかったと思う。この後、私を一挙に弱気に追い込んだのは、他ならぬ、東食の破綻である。大丈夫と思っていたのに破綻した。なら、レナウンだって、という不安。担当者の言葉の記憶も、こうしたタイミングでは少なからず利いた。

当時市場には、この種の弱気が渦巻いていた。この弱気ムードが私にも伝染した。東食の破綻に懲りていた私は、レナウンの赤字売却を決めた。そして成り行きで全1万株の売り注文。約定価格は、52円。売却損の問題より、ほどほどの価格で売れたことに、正直なところホッとした。

さて、次からのアツギ、丸大食品、中央毛織、東洋製作所はいずれも資産状況と株価の関係、つまりPBRを過信して失敗した例である。表を見ていただくと、4社ともPBRが0・3～0・7と大変低いレベルなのが分かると思う。

PBR1倍割れは、会社の解散価値を下回った状況と説明されることが多い。つまり理論上のことではあるが、会社を解散して、不動産、動産などの残存会社資産を売却して借入金などを返済。残額を株主に比例配分した場合、株価を上回る配分が期待できるため、株主は損失のリスクがないとされる。このため、PBRの1倍レベルは以前は株価的に底のレベルと一般的には見なされていた。

ただ、これはあくまで理論上の話である。余力を残して解散する会社はほとんどないし、仮に解散しようとした場合、解散する会社資産を帳簿価格通りに売却することはかなり難しい（通常は買いたたかれる）。資産の劣化を免れない。つまり「PBR1倍底値論」はかなりの部分、フィクションに近い。

実際、近年は市場で株価がPBR1倍レベルを割り込む銘柄が続出した。PBR値は株を買う際の「参考」程度にすべきと思う。過信は禁物なのである。

以下、個別銘柄を見たい。

・アツギ（旧厚木ナイロン工業）
1万株　165円→106・1円
売却損 −58万9000円（00・5・25）
購入時PER 31・1　同PBR 0・3倍

●まずアツギ、購入当時は厚木ナイロン工業。パンスト最大手。経営は、創業者一族が主導権を握っていた。当時、株主資本比率が80％を超え、借入金は50億円程度。金融収支も10億円近い黒字で、財務内容は大変堅実だった。購入当時の1株当たり純資産は500円ほどであったから、購入平均株価のPBRは0・3倍程度。

ただ、生足ブームなどで売り上げは伸び悩み、また企画開発、生産、商品販売をそれぞれグループの別会社に任せていたことなどから経営の効率性を欠き、業績は低迷していた。こうした事情から株価は大幅下落、500円前後だったものが、97年末以降200円を割り込むようになっていた。

好財務、低PBRは、当時の私の好きなパターーンであった。経営破綻の可能性が低い、業績低迷の企業は、株価が異常値と思われるレベルに突っ込めば「買い」というのが、私の方針であった。

この方針、今でも100％否定しているわけではない。低位株投資ではよく取られる手法である。ただし、こうした投資では相手をよく見極める必要がある。業績の回復は可能か。可能とすれば、どんな時期なのか――。アツギについては、このあたりを見誤った。

アツギは1998年、さらに99年になっても業績低迷が続いた。製販合併、生産会社などの清算、持ち合い株にかかる特損計上などを行ったが、消費低迷と競争激化の影響を拭えなかった。株価も100円を割るようになり、私は赤字売却も仕方なしと判断した。

●丸大食品も金融収支は黒字と、資金繰りに心配はなさそうな点が長所であった（当時も今も一番コワイのは経営破綻である。破綻は資金繰り難が端緒となる）。

・**丸大食品**
6000株　310・67円→179円
売却損－79万円（03・11・12）
購入時PER34・1　同PBR0・4倍

1株当たり純資産も700円超で、株価350円前後というのは割安と思えた。最初に購入したのは、投資を始めた直後の97年9月。しかし業績は一向に回復せず、03年まで継続したが、株価の戻りも鈍かった。

一時72円まで下げ、その後200円程度まで戻した。保有継続も一つの方法だったが、上値の重さに売却を決めた。

・**中央毛織**
1万株　181円→113・3円
売却損－67万7000円（03・11・17）
購入時PER28・3　同PBR0・7倍

・**東洋製作所**
①7000株　172円→146・57円
売却損－17万8000円（04・1・29）
購入時PER－　同PBR0・4倍
②1万株　172円→174・2円
売却益2万2000円（04・2・3）

●中央毛織と東洋製作所は、類似点が多い。ともに東証2部の古株（プロ野球の万年2軍ベテラン選手みたいなものだ）。それなりの資産、技術を持っていて、大手企業の傘下（中央毛は旧日商岩井系、東洋製は三菱重工業、ニチレイが大株主）にある。だから、なんとなく経営はおっとりとした風情（それなりに経営改善、リストラもしたようだが）。業績はイマイチ。市場での注目度は低いから、1日当たりの出来高は大変少ない（出来高ゼロもある）。

98年から99年にかけて、私がこんな両社株をあえて買ったのは、PBRから見た割安感が第一。配当もある（購入前実績は中央毛が5円、東洋製が8円配当だった）。それと、注目度が低い分、なにか間違って注目度が上がったら、株価の大幅上昇が期待できるとの思惑もあった。

結果的には、こうした思惑は完全に空振りだった。株価は長期低迷。配当は中央毛が5円→3円、東洋製は4円→0円→4円と低下。

中央毛は03年11月に、東洋製は04年2月までに赤字売却。ベテラン2軍クンの奮起はあるかなと思ったが、1軍ベンチにも入れないままゲームセット。一発大逆転の夢は、本当に夢のままだった。

8 「むやみな長期保有」は考えもの

世界一の投資家、ウォーレン・バフェットは「株式投資は永久保有を前提に考えたいと思います」と言っているが、私はこの方針には賛成できない。中長期投資家とはいえ、むやみな長期保有は決して得にはならないと思っている。まあ、バフェットのような天才的な投資家ならばそうではないのだろうが、平凡な投資家はほどほどの株価ならば売却、銘柄を入れ替えるのに越したことはないと考える。そんな思いを想起させる、以下の4銘柄。

●川口化学を最初に購入したのは記録によると、97年11月。1年前に高値1330円があり、この高値に「夢よ再び」の思いもあって220円で購入した。

購入直後はいい感じだった。実際、4000株購入して、翌98年1月に305円で2000株売却した。2000株残ったのは、4000株売りに出したが、売れなかっただけである。残り2000株についても、いず

・川口化学
①2000株　220円→305円
売却益 17万円（1998・1・28）
購入時PER 24・4　同PBR 1・7倍
②2000株　223円→142円
売却損 −16万2000円（04・1・26）

れ300円超で売れると比較的強気だった。99年も300円を超えたときがあり、売りに出したが、指値に届かず、売れなかった。川口化学は突然吹き上げるように値が上がり、そして上昇はいつも短命。これは分かっていたから、今から振り返れば、99年の上げの際は指値でなく、成り行きでの即売りが正解だった。後悔先に立たず、ではあるが。

チャンスはこれだけ。以降は200円以下がほとんどで、チャンスらしいチャンスはなかった。6年で2度ばかりのチャンス。1年に1度くらいは欲しいねとも思うが、なかなか思うようにはいかない。売りと決めたら手早く、「迅キコト風ノ如シ」といかねばならぬという教訓であろうか。

・熊谷組
1万3000株　102・31円→62円
売却損 −52万4030円（00・2・17）
購入時PER −　同PBR 0・26倍

●熊谷組は清水建設、鹿島、大成建設の大手3社に続く、準大手。この3社に「追いつけ、追い越せ」とばかり、積極営業を仕掛け、一時は背中も見えた時期もあったはずだが、不良資産問題等で躓き、野望はとん挫。あわせて私の期待も、不首尾に終わった。無念なことであると思う。
最初に買ったのは97年9月。本当に投資を始めた直後だ。119円で2000株。前年まで400円前後だったが、赤字の海外子会社などの特損が表面化し、株価は急落した。借入金も5000億円と多く、この点も経営の足を引っ張っていると新聞などで論評されていた。

私は同社の施工力を評価して、多少おっかなびっくりのところもあったが、倒産はないだろうと考えて、同社株を購入。その後、買い増しも行っていた。

実際住友銀行（当時）の支援もあり、株価は一時、99年頃に持ち直した。この際の最高値は158円。160円になったら売却と、実際に指値で売り注文も出していたが、届かず（切りのいい株価で指値し、売れないというのはよくあるパターンである）。この時に売却していれば、大幅黒字での売却だった。「たら、れば」を言っても仕方ないが。

この後は、ほぼ一貫しての下げ。99年末頃には、かなりの真実味をもって経営破綻が言われた。ビジネス誌などの格好のネタとなっていたのもこの頃である。

どうするか、私も考えていたが、00年のバレンタインデー後、赤字でも売却する方針を固めた。62円での売却。売却損は52万円だった。こちらも悔しさと言うより、売却できて、ホッとしたことを覚えている。

・**五洋建設**
3000株　240円→95円
売却損 −43万5000円（03・12・19）
購入時PER 22・9　同PBR 1・0倍

●五洋建は海洋土木トップ。購入は97年10月、240円で。前年まで株価はほぼ600円以上で推移していた。しかし採算低下などで97年に入り、株価は下げていた。

200円台は割安と考えて購入。確かに購入後一時好調に推移し、400円を超えるレベルにまで戻したこともあった。当時「買値の2倍で売却」という方針を持っていた私は、480円あたりで売却と考えていた。しかし思惑通りにはいかず、再び下落傾向となった。それでも売却すれば利益は取れるレベルがしばらく続いたが、保有を継続。その後、99年後半からドスーンと落ち込み、02年には最安値36円まで売り込まれる事態に。

妙な余裕が赤字を招いたケース。建設業界の不振が言われていただけに、振り返れば利幅のある間に売却するのが正解だった。見切り売りは03年暮れに行った。

・ソフトバンク
300株　8387円→5080円
売却損 −99万2100円（04・4・27）
購入時PER 395・6　同PBR 2・4倍

●ソフトバンクはご存知、ITバブルの際の、ど真ん中の主役。当時、大変派手だった。一時ある外資系証券が「目標株価40万円」とブチ上げ、後で大恥をさらした。私も赤字売却で、人様のこと、エラソーに言える立場でもないが。

株価が大幅に下がり、1万円前後となり、同社の株式含み益などを勘案すると、割安に見えた。ともかく、「あの」ソフトバンクである。バブルの狂乱を傍目で見てきた私には、この急落は「自分の出番」を促しているように思えた。

当初、1万1000円弱で200株購入。この後、1万5000円くらいまでは何回か戻った。「さすが、ソフトバンクは反発力があるね」などと悦に入っていた（相変わらず、呑気なものだ）。上げたり下げたりしていたが、中長期投資に慣れた私は、細かく売却という考えはなかった。そうこうするうちに、株価は下げる一方に。3000円台で100株追加購入し、平均コストを下げたが、下落は止まらず、02年には827円まで下げた。03年になり、市況改善に合わせて戻り歩調となった。一時株価7000円を超え、「奇跡的に平均コストに届くか」との期待も持ったが、その後また反落。「このあたりで」と赤字売却に踏み切ったのは、04年4月のことだった。

反省を言うと、売買は相手を見ることが必要ということだ。長期投資に向いた銘柄もあるが、ソフトバンクのような「人気株」は株価の変動も激しく、抱え込むというより、フットワークを軽くして、早い売買を心掛けるべきだと思った。配当もそうすべきと教えてくれているではないか。たとえば私の同株の平均コストは8400円弱だから、300株で約250万円の投資である。配当は1株7円で、年間2100円。配当の面からも、同社株は長期保有に馴染まない。

4章 「株を買う」ための実践的基礎知識

超入門・早わかり講座

「求めなさい。そうすれば、与えられる。探しなさい。そうすれば、見つかる。門をたたきなさい。そうすれば、開かれる」

（新約聖書「マタイによる福音書」7章より）

1 「株」には3つの機能――「支配」「利潤」「物的」

●支配証券としての機能

株とは、長期資金調達のため事業会社が発行する出資証券のことである。会社が事業を行う場合、多額の資金が必要になる。たとえばそれがメーカーであるならば、土地を購入、あるいは賃借し、工場を建て、設備を設け、人を雇う。その上で製品を企画し、原料などを調達し、生産活動を行い、販売する。これが事業活動の大筋だが、このための資金を会社設立者だけで調達するのは難しいケースがほとんど。このため、多くの人から資金を調達する手法として「株式会社」という制度が考案された。

この制度では、事業会社は広く一般に資金の出し手を募り、出資した人に対してその出資の証としての証文を発行する。このようにして集められた資金が株式会社の資本（自己資本）となり、一方、資金を出した人が株主となる。

株式は、会社資金の出し手を証するものだから、原理的にさまざまな側面を持つ。一つは支配証券としての機能。つまり、会社の持ち主、オーナーとして、経営に参加する機能だ。この機能は具体的には、株主総会に参加して会社の経営方針を決議したり、会社経営を日常的に執行する役員を選任したりする権利である。

●メリットは「売り買いが可能」なこと

また利潤証券としての機能もある。会社が事業を行って利益が出た場合、その利益の分配を受ける権利である。具体的には、配当を受け取る権利だ。

株式が持つもう一つの機能が、物的証券と呼ばれる機能。会社が何らかの事情で解散する場合、会社の残余財産（総資産から、借金などの負債を除いた財産）をめぐって応分の財産分配を受ける権利である。

さて、この株式会社制度が広く受け入れられた要因として、「株式は売り買いできる」ことが大きいのではないかと思う。株式がいくらいろいろな機能を持つといっても、仮に株式が売買できないとしたら、その魅力はかなり低下すると思われる。

自由に売買できることにより、利益を増やしている企業の株式を持っている株主は、その株式を売却することにより、キャピタルゲイン（値上がり益）を得ることができる（もちろん、会社の業績が不振になると、逆のことが起こりうるわけである。念のため）。

●時価総額を計算するクセをつける

注意しなくてはいけないのは、「株を持つ」ということは、要するに「会社の一部を所有する」ということを意味するということだ。マーケットでは株価が毎日、それこそ時々刻々変動しているので、ともするとこのことを忘れがちだが（会社価値は、毎日、時々刻々変化しない）、株を購入する際はこのことを覚えていた方がいいと思う。

株価は会社価値の実体から離れて、市場を時々覆うムードに合わせて上下する。だから、時には上にも下にも異常値をつけることがある。これについて理屈で文句を言っても始まらない。市場とはそういうものだから。「行き過ぎも相場」なのである。だから、高い方向で株価が異常値を示している時、買い手は手出しは控えるべきだ。買うと、一般的には後で大変苦労する。一方、逆のケース、つまり株価が低いレベルで異常値を示している場合は、言うまでもなく買いのチャンスである。

ただし、幸か不幸か、異常は長くは続かない。行き過ぎた株価は、いずれ修正されるものだ。「株式市場は、短期的には人気投票の場にほかなりません。しかし長期的には、企業の真の価値を測る計量器の役割を果たしてくれるのです」（『ウォーレン・バフェット自分を信じる者が勝つ！』）という指摘は正しい。

時価総額を計算し、売り上げ規模や利益水準と比べるクセをつける

なお、株を買う際は、会社の時価総額を試みに計算することをおススメしたい。株価×発行済み株式数で簡単に計算できる。この時価総額が、会社の売り上げ規模や利益水準と

比べてどのようなレベルになっているか。もちろん、たとえば時価総額と売り上げ規模との比率など、その企業が新興企業か、あるいは成熟した企業なのかにより「妥当な比率」は異なり、数値基準はいちがいには断定しにくいが、こんな計算グセをつけると、ムードに押されて大失敗という事態を避けられる場面もあるように思える。

2 市場は成長企業、眠れる企業が混在
――生きがいい企業が揃う新興3市場

個人投資家が一般に取引を行う市場
・東京証券取引所　・大阪証券取引所
・ヘラクレス　・ジャスダック

●個人投資家は主に四つの市場

国内の株式取引市場としては、東京証券取引所、大阪同、名古屋同のそれぞれ1部・2部、さらに札幌、福岡証券取引所、ほかに東証マザーズ、ヘラクレス（正式名称はニッポン・ニュー・マーケット・ヘラクレス）、ジャスダックなどがある。ただし個人投資家が一般に取引を行う主な市場は、東証、大証と、ヘラクレス、ジャスダックであると思う。

各市場はそれぞれ微妙に異なる「個性」を持っているから、取引を行うに当たり、この辺の事情を一応理解しておく必要がある。

上場会社数が１５００社を超える最大市場の東証1部は、国内の大手・中堅企業が顔を

揃えている。ソニー、新日鉄、トヨタ、武田薬品工業、日本郵船といった超有力企業から、ザ・パック（ショッピングバッグ大手）やコンビ（ベビー生活用品、玩具）、スバル興業（道路メンテナンス。映画好きならば有楽町スバル座を経営といった方が分かりやすいかな）といった、超大手に比べたら多少規模は小さいが、それぞれの分野で強い地盤を持つ企業まで網羅している。新興企業の雄・ヤフーも2003年10月にジャスダックから東証1部に上場。「東証1部上場」は「一流の証」みたいな感じもある。

東証2部は上場社数約550弱。新興企業で、ジャスダック→東証2部と市場変更し、さらに東証1部入りを虎視眈々と狙う成長企業が所属している一方、なんとなく2部が居心地よくて（?）1部変更の意欲も能力もなく、万年補欠で安閑としているように見える企業もあったりで、内容はホントいろいろだ。

だから株価の変動が大きい企業がある半面、うっかりぬるま湯にどっぷり浸かった「眠れる企業」を掴んだりすると、株価は低位で超安定。売りたくても売買株数が少なくて売れないなどといった、トホホな事態に陥らないとも限らない。この意味で2部企業を扱う際は、一応の注意が必要かもしれない。

●新興3市場は値動き激しく、相応の心構え必要

比較的生きのいい企業が揃っているのがジャスダック、東証マザーズ、ヘラクレスの新

〈マザーズ上場企業〉
ノース、日本ベリサイン
〈ヘラクレス上場企業〉
スターバックス コーヒージャパン
有線ブロードネットワークス

興3市場だ。

ジャスダックは以前、「店頭市場」と呼ばれていた。日本証券業協会が管轄している市場である。店頭という名称は、この市場に登録する企業の株式売買は以前、証券会社店頭での相対取引を原則としていたためにこう呼ばれるようになったが、今では取引が集中するシステムになっており、ほかの市場と内容的にほとんど変わらない環境になっている。主な上場企業としては、ネットショッピングモールの楽天、ハンバーガーチェーン「マクドナルド」を展開する日本マクドナルドホールディングス、システム開発で急成長したインデックスなどがある。

一方、東証マザーズは東証が、またヘラクレスは大証などが、ともに新興企業向け新市場として創設した。東証マザーズはITバブル真っ只中の1999年12月スタート。ヘラクレス市場はバブルの余熱残る2000年6月、「ナスダック・ジャパン」の名称でスタートしたが、その後米国ナスダックが日本市場から撤退したため、02年12月、改称して再スタートした。主な上場企業は、マザーズが独自の基板製造技術を持つノース、電子認証サービスの日本ベリサインなど。一方ヘラクレスは、世界最大のコーヒーチェーンの日本法人、スターバックス コーヒージャパンや有線放送の有線ブロードネットワークスなどだ。

3市場とも比較的新しい企業が多いため、成長性に優れていると言われる半面、事業基盤はたとえば東証1部の企業などと比べて安定性に欠けるとも言える。結果として、急騰急落する銘柄が出がちである。値動きの激しい市場であるから、取引に当たっては、それなりの準備と心構え、覚悟が必要と言える。

3 口座を開く、取引する——お勧めはやはり「ネット取引」

●ネットでは静かにクールにできる

株取引の第一歩は、証券会社選びである。どの証券会社を選ぶか、あるいはどの取引形態を選ぶかで、コストや使い勝手は大きく違ってくる。

最初の選択は、窓口（あるいは電話）取引を選ぶか、あるいはネット取引を選ぶかという選択だ。窓口取引の場合は、口座を設定すると、取引に際して営業担当者が対面などで細かな相談に応じてくれる。一方ネット取引は、インターネットを使った取引となる。原則的に取引などについて、会社スタッフによる細かな相談はできないと思った方がいい。

さて、30代の投資家（予備軍）の方々にどちらをおススメするかというと、これはやはりネット取引である。理由はいくつかある。

100万円の売買を行った場合の手数料
対面取引→11,634円
ネット専業証券→1000円～2000円程度

理由の一つは、コストの問題だ。ネット取引は、対面に比べて安い。それも圧倒的に。

株取引にかかるコストとして、売買委託手数料、税（所得税、住民税、消費税）、口座管理料がある。税はどう選んでも同率だから置いておくとして、売買委託手数料は会社・取引形態により大きく異なる。例を挙げると、１００万円の売買を行った場合、ある大手証券の対面取引の手数料は１万１６３４円（税込み、保護預かり口座開設、証券総合サービス契約の場合）。これに対し、ネット専業証券はたとえばイー・トレードの場合、９４５円（税込み）。ほかのネット専業証券もおおむね１０００円～２０００円程度のところが多い（２００４年8月現在）。

大手証券の対面取引を選んだ場合、希望すれば細かな投資アドバイスが受けやすいとかいった特典もあるが、このコスト差は大きい。また口座管理料も、大手証券は年間１５７５円、あるいは３１５０円かかるが、ネット専業証券はほとんどが無料だ。

またネットの場合、取引が迅速にできる利点もある。対面などでは原則、担当者と対面し（あるいは電話で話し）、売買対象の株式の現在の市況を問い合わせながら売買の発注を行う必要がある。しかしネットの場合、パソコン画面などで市場の状況を確認し、すぐに発注を行うことができる。

私はネット取引を行う前、電話注文で取引を行っていたが、ネット取引に替えてから市場状況（つまり現在値と、その前後の価格の売り買い注文状況、つまり板情報と呼ばれる情報である）の確認から発注まで、自分の手で迅速に行えるようになった。まったく快適になったと言わざるをえない。

ネットの普及がもたらした取引環境について言うと、いつでも、どこでも、簡単に取引を行えるという環境はホントにありがたい。この点も大きなメリットである。携帯（ｉモードなど）を使った取引も可能だから、ビジネスマンならば、たとえば昼休みの時、食事後にコーヒーなどを飲みながら、市況をチェックし、注文を出すということも、もしやりたければ可能である。

もう一つ言うと、ネット取引は精神的な負担が少ないこともメリットの一つと言える。たとえば購入した株をすぐに売却するなどといったことは、ケースにもよるが、担当者に依頼する取引では多少とも気を使うものである。この点、ネット取引は人を介さないから誰に気兼ねすることなく、静かに、クールに取引を行うことができる。この点は結構大きなメリットと思う。

4 どの証券会社にするか——気に入ったところを選ぶ

●操作ミスは致命的

さて、この次の選択は、どの証券会社にするか、ということだと思う。大手などの証券会社にネット口座を持つか、あるいはネット専業証券のどこかにするか。このあたりは、もうどうぞご自由に、と言うしかない。売買委託手数料の価格設定も、プランも各社いろいろだから、資料を取り寄せて、気に入ったところを選べばよいと思う。

最後に一つだけ、蛇足ながらご注意申し上げると、ネット取引では操作ミスは致命的である。一度操作を完了すると、取り消すことは難しい（たとえば、口座に資金がないのに、間違って買いの注文を出した、などの場合は買えないので大丈夫だろうけど）。

ちなみに私もやってしまったことが一度ある。ある株を「売ろう」として、間違って「買い」の操作をしてしまった。勘違い。資金もたまたま口座に残っていた。総額300万円近い、高額の取引である。操作直後に気が付き、青くなって、それこそ心臓パクパクでキャンセルの操作をしたが、間に合わなかった。すでに約定していたのである（本人は「売り」のつもりの指値設定だから、やや高めの価格を「買い」で指値した形になってい た。すぐに「買えた」のは当然である）。こうなると、もうどうしようもない。対面（電話）ならば、こうした間違いもないと思うが、ネットでは操作がすべて。この意味で、ネット取引は安い、便利の一方で、より高い自己責任性が課されていることは覚えていた方がいいと思う。くれぐれもご注意の事。

Eトレード証券のサイト画面①

①は、まず出てくるホーム画面。市況などが確認できる。取引などの場合、右上方のユーザーネーム、パスワードを入力してログインする
②は、マーケット情報のページ。市況の詳しい情報が得られる

Eトレード証券のサイト画面②

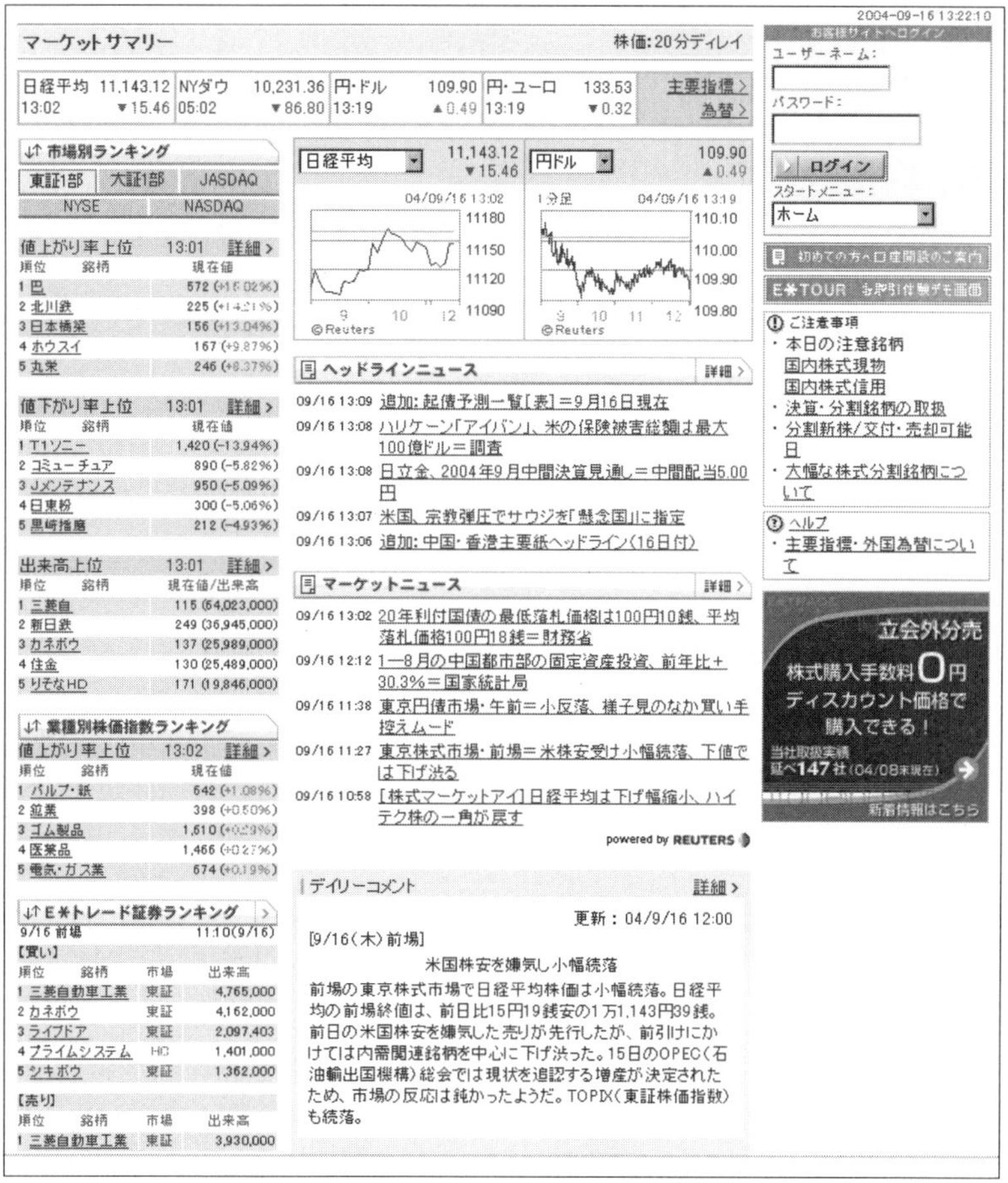

Eトレード証券のサイト画面③

サイト画面③は取引の画面。新規注文の場合、買いか売りか、新規コード、市場、株数、価格などを入れて注文を出す。この画面から注文の取消や訂正なども行える

5　株の選び方――基本は「好きな会社」を買う

●身近なところからの発想も大事

さて、口座は作った。資金の手当ても行った。次は、いよいよ肝腎の「どの株を買うか」ということだ。

何を買うか。初心者の方は大変迷うと思う。いやいや、初心者と限定することはない。誰でも迷うことなのだ、これは。

四季報や会社情報が頼りになるとは言うが、厚さは英語の辞書並み、開いてみると約2000ページもある。しかも、どのページも細かい字が詰まっている。なにしろ全国の株式市場に上場している企業は約4300社もあるのだ（一部重複上場あり）。どう選ぶか。私は最初はあまり難しく考えることはないように思える。基本は好きな会社、あるいは気になる会社を検討してみればいいと思う。いい（と思える）会社もひどい会社もたくさんあるから、あまり細かいことを言っていたら動きが取れなくなる。

たとえば、就職したかった会社、友達がいる会社、自分の勤める会社でもいいし（何か

ユニクロの場合
98年頃の株価→2000円弱
1年後→4万円！

重要情報を持っている幹部クラスの方の場合は、インサイダー取引にならないか、一応検討した方がいいが）、自分が働く同じ業界の尊敬すべきライバル企業なんて選択も、なかなかグッドなアイデアと思う。

結婚している場合は、奥様お気に入りの商品を製造、あるいは販売している会社の株を買うという手もあるかもしれない（実はこうした草の根情報はバカにならない。私の失敗談？　を言うと、たとえば「ユニクロ」を展開するファーストリテイリングのケース。自宅のすぐ近くにこのユニクロの店舗ができた。まだ一般的には無名の頃だ。安いから私も利用していたが、次第にこの店の利用者は増えていた。結構やるね、とは思っていた。1998年頃だから、株価は2000円弱だったはずである。でも、同社株を買うなんてアイデア、まったく思いもつかなかった。この1年後、同社の人気はさらに高まり、一大ブームとなっていた。株価はどうなったか。なんと4万円、つまり20倍くらいになっていたのである）。

●オススメは四季報などの「精読」

あるいは四季報などをぺらぺらとめくって読んでみることもオススメだ。へえ、そう、この会社、こんなに儲かっているんだとか、有利子負債がなんとゼロだよとか。こんな「へえ」と思う情報の発見が、銘柄選択の基本になると思う。

最初は、投資額も少ないのだろうし、こんなところから選ぶので十分だと思う。後は次第に経験すると、PERはどうかなとか、多少詳しく調べられるようになるはずである。

6 株の種類——低位株は成熟企業、成長株は新興企業に多い

●いくつかの分類

株は着目の仕方により、さまざまな分類が可能だ。

一番分かり易いのは低位株と値がさ株、中位株の分類であろうか。その株価レベルによる分類である。正確な定義はともかく、低位株とはおおむね500円以下、中心は300円前後の株をさす。一方、値がさ株とは、名前の通り、株価の値が張る銘柄だ。通常は数千円レベル以上の株を言う。この間が、中位株。低位株は繊維や化学、あるいは鉄鋼など、伝統ある重厚長大型の企業に多い。また値がさ株は、ハイテク企業や新興企業株に多い。

発行済み株式数ベースで分類すれば、大型株、中型株、小型株という分け方もできる。東証では大型株は一般に発行済み株式数2億株以上、中型株は同6000万株～2億株未満、小型株とは同6000万株未満の会社株式をさす。ソニーや新日本製鐵、トヨタ、日

株の種類
（低位株、中位株、値がさ株）（大型株、中型株、小型株）（バリュー株、成長株）資産株、市況関連株、公益関連企業株、業績回復株

立といった有名企業は当然大型株である。

またバリュー株、成長株という分類もある。バリュー株とは、一般にやや企業成長力が低く、このため株価も利益水準、あるいは保有資産見合いからするとやや割安な水準となっている銘柄である。伝統ある、成熟した企業が多い。これに対し成長株は、売り上げ、利益などの成長力が比較的大きな企業の株式。ＰＥＲやＰＢＲも比較的高めになる。伝統的な企業より新興企業のケースが多い。

このほか、こうした対の分類ではないが、電力やガス会社、あるいは鉄道会社などの公益関連企業株を、倒産の恐れが少ないため資産株（あるいは低成長株）と言ったり、化学や鉄鋼など市況製品を扱う会社株を市況関連株と言ったり、業績不振から生き返った会社株を業績回復株と言ったりもする。

●相場上手が目をつけるのは……

さて、種類の名称だけを辞書的に追うと単なる知識的な話だが、こうした知識を投資にどう活かすか、だ。もちろん低位株より値がさ株の方が投資効率がいいとか、単純にはいかないが、時々の市場状況を見て、どんな種類の銘柄の方が有利かということは、慣れるに従って、比較的コツを掴みやすいという一面がある、とは言えると思う。いわゆる相場観と言われる部分であろうか。このあたりは微妙で、もって回ったような言い方となって

大変恐縮だが、株上手と言われるような人は、このあたりのテクニックを駆使して利益を上げているケースが多いようにも思える。

たとえば成長株は、流通株数が少なめだから、景気回復局面では比較的早めに上昇するとの指摘がある。また市況関連株は、文字通り市況の動向に左右される。一定のレンジで、短期間に上げたり、下げたりすることも多い。たとえば鉄鋼ならば、「五輪景気で中国、建設ラッシュ」と報道されるとワーッと上がり、しばらくして今度は「中国、政府の金融引き締めで景気スローダウン」などと報道されると逆にワッーと下げたりする。だから、レンジの安値で仕込み、高値で売る（弱気で買い、強気で売る）といった手法が効果的なケースも少なくないように見える。

またたとえば証券株は、価格変動が結構激しい傾向がある。大幅下落に慌ててしまうと大損につながるが、タイミングをうまく掴むと大勝ちできる可能性もある。

7 株価はどうして動くか——「市況」と「個別企業の業績」

●誰でも知っているニュースは好材料にならない

株価が動く理由
市況（景気状況、需給、ムード）
企業業績（業績修正、配当異動、イベント）

株価は大きく2つの変化律に支配されている。一つは市況、もう一つが個別企業の業績である。

まず一つ目の市況。これは時どきの景気状況、需給、あるいはムードなどだ。株価はこうした条件によって左右される。悪い市況のなかでも、逆行して上げる銘柄もあることはあるが、基本的にこうしたケースは例外。一般的に全体がダメならば、個別も厳しい。「泣く子と市況には勝てない」と一応は覚悟すべきである。

もう一つの企業業績。株価は、将来的な利益成長をにらみながら上げたり、下げたりしている。株価が上がるケースとしては、業績の上方修正や配当アップなど。またマクロ経済的には、日銀短観（短期経済観測）で経済の好調さが確認できたとか、機械受注の結果がよかったとか言うと、こうした結果が個別企業の業績向上期待につながり、株価にも好影響を与える。

基本的に好ニュースは株価にとって好材料だが、注意しなくてはいけないことは、好ニュースでも株価が下がることが実は少なくない、ということだ。たとえば業績の上方修正を発表したのに株価が下がるのは、上方修正分はコンセンサスとしてすでに株価に織り込んでいたようなケース。材料出尽くしで下げ、というわけだ。つまり誰でも知っている好ニュースは、好材料にはならない。

同様のケースで、イベント・リスクと呼ばれるものがある。今後起こると予想されるイベント（なんらかの出来事。たとえば、オリンピック開催とか）への期待で株価が上がっても、そのイベントが実際に起きてしまうと、途端に下げるといったことがしばしばある。上げ下げの機微というのは、まことに一筋縄とはいかない。

ともあれ肝心なのは、サプライズ（驚き）である。びっくりする内容で株価は、上にも下にも大きく振れる。ご期待、あるいはご注意のこと。

8

ハイリスク・ハイリターンはやり方次第

――身の丈に合った投資法を

●リスクの軽減とリターンの極大化

金融の分野では「ハイリスク、ハイリターン」、あるいは「ローリスク、ローリターン」は大原則である。たとえば金利0・001%の銀行の普通預金などは「ローリスク、ローリターン」の典型だろう。元金減滅の危険性は低いが、預けることによって得られる果実も極めて小さい。これは良い、悪いの問題ではない。金融商品の根本的な性質の話なのである（もっとも、ペイオフが本格的に解禁された場合、一定額以上の普通預金の元本保証がなくなり、基本的な枠組みが変質することに注意が必要である）。

一方株式は、まあ、どちらかと言えば、「ハイリスク、ハイリターン」の金融商品の一つと思う。もっともどんな投資スタイルを取るか（信用取引、あるいはデイトレードが大好きだとか、ジャスダックやマザーズなどの新興企業への投資しかしないとか。または電力・ガス・鉄道株しか買わないという投資方針の方もいるかもしれない）によって、「リスク・リターン」の内容はかなり幅がある。

自分の場合で言うと、私も身にあまるリスク負担は避けたいから、それなりにリスク軽減を心掛ける一方で、リターンの極大化に苦心して来た。結果として投資先の企業が破綻して50万円近い赤字を出したり、ＩＴ革命の旗手と期待されて来た企業に、バブル後「だいぶ下がったから、もういいレベルかな」と投資して１００万円近い売却損を出したりした一方で、一度の取引で数百万円ものリターンを得たことも何回かある（詳細は3章を参照のこと）。

●「身の丈に合わせた投資」の方針を守る

０・００１％の金利の場合、どのくらい預けていたら資金が2倍になるかというと、概算で７万年という（計算法は章末のメモ⑤参照）。この状態では、生きている間にはちょっと無理そうである。ちなみに２００3年の東証1部での年間上昇率のランキング1位は大平洋金属の６７１・０％（日経調べ）。年間で７・７倍になったことになる。

もちろんこれは「大成功」の例で、しばしば味わえることではないが、夢のある話ではあると思う。肝心なのは、夢を追う一方で、どうリスク管理するかである。基本的には、「身の丈に合わせた投資」を守り、時間を味方にし、熱狂などに距離を保つ、といったことなどがポイントになるだろう。

それと最後に付け加えると、「ハイリスク、ハイリターン」はやはり残念ながら鉄則である。世間で「ローリスク、ハイリターン」をささやく例もあるが、これらはまあ100%詐欺、あるいはこれに準じたものと見て間違いない。無視して近づかないことが身のためである。

9 2つの基本的投資姿勢——ファンダメンタル派とテクニカル派

●ファンダメンタル分析が肌に合う

投資をスタートさせ、勉強を始めてみると、投資を行う基本姿勢に関して2つの流派があることが分かる。つまりファンダメンタル派とテクニカル派である。両者の対立？　は時に熾烈。うっかり両者間の論争に巻き込まれると、反対する立場の方々から糾弾されかねないから注意が必要だ。

私はどちらかというと、ファンダメンタル分析派である。そして急いで言っておくと、これはどちらがいいか、あるいは利益が上がるか、精密に測った結果ではない。まあ一言で言うなら、「肌に合った」という程度のことである。それだけ。

ファンダメンタル分析派の投資家は、個々の企業の売り上げ、あるいは利益の、現在の

〈ファンダメンタル派の武器〉
現在の売り上げや利益と比べた将来の成長性、負債の状況、PER、PBR

〈テクニカル派の武器〉
一目均衡表、酒田五法、柴田罫線、ボリンジャーバンド、RSI、DMI

水準と将来の成長性、さらに負債の状況など、文字通り企業のファンダメンタルズ（経済的な基礎的条件）に着目。現在の株価と将来的なファンダメンタルズとのギャップを測りながら、株価が今後上昇すると思われる企業に投資するのを本旨とする。

これに対しテクニカル派は、過去の株価の値動き（チャート）のリズム、パターンを分析し、これを基に株価の将来の動きを予想・推定し、投資に生かしていこうという立場をとる。有名な分析として、プロ・アマともにしばしば利用するとされる一目均衡表とか、江戸時代中期にコメ相場で活躍した本間宗久が基本を考案したとされる「酒田五法」、あるいはこれを応用した「柴田罫線」などがある。または外国産モノとしては統計学の手法を使った「ボリンジャーバンド」や日本で相対力指数とも呼ばれる「ＲＳＩ（Relative Strength Index）」、あるいは相場のトレンドを示すとされる「ＤＭＩ（Directional Movement Index）」といったものもある。これらについてもし関心があれば、書店に行けば詳しい解説書がいろいろあるから、読んでみたらいいだろう。

●「金持ちの罫線屋には会ったことがない」

ファンダメンタル派は、テクニカル派の投資家から「企業の示した業績数字など、基本的にあてにならないではないか」といった批判を受けたりする。一方、ファンダメンタル派の投資家はテクニカル派に対して、「過去の動きであるチャートをいろいろ分析したところであまり意味はない。バックミラーを見ながら車を運転するようなもの」と指摘する。「ファン・テク論争」には、さまざまな投資家が参戦している。たとえばジョージ・ソロスとヘッジファンド「クォンタム・ファンド」を設立した著名投資家のジェームス・B・ロジャースは、チャート・リーディング（分析）について問われて「金持ちの罫線屋には会ったことがないね。もちろん、チャートのサービスをして金儲けをしている連中以外はね」と辛らつに言ったりしている（ジャック・D・シュワッガー『マーケットの魔術師』パンローリング）。

一方、テクニカル派。たとえば『定年後の株、小さく儲け続ける必勝法』（亜紀書房）の著者である増田正美さんは「テクニカル分析手段も十分体得し、それでも『有効なのはファンダメンタル分析だ』というのはよい。しかしチャート分析のイロハだけしか知らないでファンダメンタル分析を正しいと主張するのは愚かです」と、テクニカル分析を軽視する投資家をたしなめる。

●結論は「どちらでもご勝手に」

もちろん、ファンダメンタル派の投資家でも、株価の値動きを示したチャートなどは確認するのが普通だし、また一方でテクニカル派の投資家諸賢も投資の際は、当該企業の現在及び将来の業績状況を確認・予想するのが通例と思う。要はどの要件を重視するかといった程度の違いとも思うが（違うかな）、両者間の溝は意外と深いとも言えるのである。

私なりの結論を言うと、これはもう「どちらでもご勝手に」としか言いようがない（情けない結論で誠に申し訳ないが）。ただ、新聞、マネー雑誌などにある、たとえば「テクニカル面から見ると、先週末は○○円～○○円の下落からの半値戻し○○円を突破した。中期的な波動のレベルでは、年初来高値○○円もターゲットに入る。ただ短期的には、高値○○円～安値○○円までの下落の倍返しの波動が考えられ、ここからは○○円が当面の目標となる。サポートラインは○月○日の○○円のネックライン、その後の安値○○円が意識されそうだ」といった分析を言われても、へぇ、そうでござんすか、とあまり真剣になれないのである。怒られそうだけど。

10 配当と株主優待に注目

――株主を大事にする会社はどこか

●配当を厚くする方向へ

株を持って、値上がり益とともに楽しみなのが、配当と株主優待である。
まず、配当。株主はその持ち分に応じて、その会社のオーナーと言える。だから当該の配当とは？
10円配当とすると、
持ち株数×10円＝配当

会社が事業活動によって利益を得た場合、応分の利益配分を受ける権利が当然にある。この利益配分が配当というわけだ。配当は総会等によって決定され、たとえば3月決算企業の場合ならば総会後、通常6月末か7月初めに手元に届く。配当を受けることができるのは、権利確定時（決算期末）に株主になっていることが条件だ。

配当のあるなし、またその額は、企業の業績、方針によりさまざまだ。従来、日本企業は安定配当主義の名の下、「年間1割配当（株式額面50円の企業ならば、5円）なら十分でしょ」といった風潮だった。基本的に配当は低く抑えられ、余剰分は内部留保などに回していた。

こうした状況は、メインバンクとの株式持ち合いなどで、企業が外部の者から守られていた時代は問題なかったが、このメインバンク制が綻びを見せ、持ち合いが崩れ、また外国人株主が増え、個人投資家も機関投資家もモノを言い出すようになるにつれて、企業側もそう安穏に構えていられる状況ではなくなってきた。実際に株式を外国のヘッジファンドなどの機関投資家に買い占められ、配当を大幅に引き上げざるをえなくなったケースも出てきた。こうした事例は、今後も増えていくはずである。

このため企業も安定配当主義から方向転換し、1株利益の何割分かを配当とする配当性向主義に切り替え、実質的に配当を厚くするところが増えている。

企業が配当についてどんな方針を持っているかは、四季報などを見ていたら大体分かる。

投資家として十分なチェックと、査定が必要だろう。

それとやや注意が必要なのは、配当について、四季報などのデータはあてにならないケースも少なくないということだ。状況によって、配当方針はガラリと変わる。配当を期待していたら、特別損失が出て、無配転落という事態も少なからずある。経験的には、比較的変更が大胆なのは証券会社である。市場が活況で利益が出ると、無配方針が一転10円配当に変わったりする。もちろん逆のケースもあるわけで、気は抜けない。

●結構楽しみな株主優待

また株主優待について。これも個人投資家には結構楽しみなものだ。内容はさまざまである。ファミリーレストランチェーンの食事優待券とか、百貨店などの優待割引券、食品メーカーなどの自社製品詰め合わせセット、おコメ券提供（アタカ工業、昭栄、品川倉庫建物など）なんてのもある。大口投資家ならば鉄道会社で全線パスなんていうのもある（東武鉄道ならば、2万9000株以上持てばいい。乗り放題。たとえば株価477円ならば約1383万円必要だけど）。中にはあまり役に立ちそうもないものもあるが（たとえば住宅メーカーの、本体価格3パーセント割引とかいうもの。一般的には使い勝手がいいとは言えない）、いろいろ取りそろえるところが増えているのは歓迎である。

株主優待目当てに株を買うという行動は、個人投資家の間では決して珍しいことではないと思う。私も、これまでに焼肉屋さかいとか、安楽亭とか、優待目当てで購入した。今も吉野家ディー・アンド・シーを持っている（年2回、1～9株の場合、300円分のサービス券が10枚もらえる）。

あまり優待に引きずられる投資行動はどうかと思うが、ほどほどに楽しむのは決して悪くはないはずである。なお、優待の情報は四季報、会社情報の巻末に紹介されている。また最近は、写真なども使って詳しく紹介している専門の本もあるようだ。

11 税金について——売却益がある場合、原則確定申告が必要

●原則的に確定申告が必要

株式をめぐる税金は、売却益（キャピタルゲイン）と配当（インカムゲイン）に関することに大別できる。

まず、売却益について。キャピタルゲイン課税については税制改革に伴い、2003年からそれまでの源泉分離課税（売却金額に対して一定割合の税率をかけて税額を算出し、源泉徴収する）が廃止され、申告分離課税に一本化された。つまり個人投資家が株式の売

株主優待

原則、１回に限って実施されるものを除き、継続的に実施される株主優待制度を掲載した。

(注) ① 優待券発行方法……通例として株主の手元に届くのが権利確定後３カ月前後になる場合が多い。
② 優待券には、利用店指定等の制約がある場合もある。
③ 〈権利確定時〉は月のみの場合は月末。
④ 社名欄に「(続く)」、「(続き)」とある場合は次(前)段または次(前)ページに同一会社の内容が掲載されていることを示す。

＊株券の保管振替制度を利用している会社で、実質株主通知の行われる権利確定日等と発行会社の定める株主優待の基準日が異なっている場合に優待を受けることができないことがあります。
＊株主優待ページの調査時点は原則04年５月中旬
＊詳細は当該会社にお問い合わせください。

会社名〈権利確定時〉	株数	優待方法
1377 サカタのタネ 〈5 月〉	100以上	通信販売部「サカタ友の会」１年間会費無料
	100以上 500 〃 1,000 〃	1枚(500円券) 1 (1,000円) 2 (1,000円) 「花とみどりのギフト券」
1379 ホクト 〈3 月〉	100以上	自社製品（きのこ数種類，発送は10月〜12月）
1380 秋川牧園 〈3 月〉	1,000以上	2,500円相当の自社製品セット
1725 フジタ 〈3 月〉	全株主	①無料建物一次診断と診断結果で行われる工事代金５％割引②自社保養所(伊東)平日利用③提携ホテル(７カ所)宿泊割引等④提携ゴルフ場（３カ所）料金割引（４名まで）⑤那須ハイランドパーク入園料50%割引（５名まで）⑥海外ツアー旅行代金５％割引
1738 NITTOH 〈3月，9月〉	1,000以上	３月：全国共通お米ギフト券（５kg） ９月：オリジナルカレンダー
1744 キョーエイ産業 〈3 月〉	1,000以上 10,000 〃	1,000円分のクオカード 2,000円 〃
1748 ミサワホーム北日本 〈3月，9月〉	1,000以上	当該株主と建物に関する工事請負契約を締結した際，建物本体価格の４％を割引
1750 カナック 〈3月，9月〉	1,000以上	1,000円程度の「さぬきうどん」
1754 東新住建 〈6 月〉	100以上 500 〃 1,000 〃	2kg 5 10 お米券
1766 東建コーポレーション 〈6月，12月〉 (続く)	500以上 1,000 〃	〈6月〉 新米５kgまたはミネラルウォーター２ケース 新米10kgまたはミネラルウォーター４ケース
	100以上 1,000 〃 2,000 〃	〈6月〉 「東建多度カントリークラブ・名古屋」 優待券（優待料金にて年２回利用可） 優待券（メンバー料金にて年２回利用可） 平日会員証（メンバー料金にて１年間回数無制限で利用可） ※いずれの場合も平日のみ利用可
	100以上	〈12月〉 「東建ホームメイトCUP」ペア入場券，「東建多度ホテル」宿泊料金20%割引 ※宿泊割引は株主本人と三親等までの家族が利用可 有効期間：１年
(続き)	100以上 1,000 〃	〈12月〉 東建リーバカタログショッピング「ハートマークShop」20%割引券 ３枚 6
	100以上 500 〃 1,000 〃	〈随時〉 自社とアパート・賃貸マンションの工事請負契約を締結した際に住設機器のグレードアップオプション付与 本体工事請負金額の0.5%相当のグレードアップ商品 本体工事請負金額の1.0%相当のグレードアップ商品 本体工事請負金額の1.5%相当のグレードアップ商品
	100以上	〈随時〉 自社を介してアパート・賃貸マンションの賃貸借契約を締結した際に仲介手数料割引 株主本人の場合仲介手数料100%割引 三親等までの家族の場合70%割引
1771 日本乾溜工業 〈9 月〉	1,000以上	ハイウェイカード
1780 ヤマウラ 〈9 月〉	500以上	伊那スキーリゾート終日リフト券引換券２枚 駒ケ根高原美術館入館券引換券５枚
1795 マサル 〈3月，9月〉	1,000以上	３月：サマージャンボ宝くじ10枚
	3,000以上	９月：年末ジャンボ宝くじ10枚
1808 長谷工コーポレーション 〈3 月〉	全株主	全ブライトンホテルで利用できる優待券 ホテル宿泊料割引（10〜50%割引，除外日あり），レストラン利用10%割引，婚礼は飲食代５％割引 株主およびその家族対象，複数回利用可
1873 東日本ハウス 〈10 月〉	1,000以上	自社住宅の建物本体価格から３％割引（キャンペーン商品は除く）
1878 大東建託 〈3月，9月〉	100以上 1,000 〃 2,000 〃 3,000 〃	１枚 2 3 4 株主優待券 自社管理物件への入居時，１枚で仲介手数料50%割引，２枚で仲介手数料無料
1880 スルガコーポレーション 〈3 月〉	1,000以上 2,000 〃 3,000 〃	自宅建設の設計料及び住宅販売価格の割引 (設計料) (住宅販売) 50%引 1.0%引 75 1.5 無料 2.0
1913 旭ホームズ 〈3 月〉	全株主	本体価格の３％割引 (付帯工事を除く，関東・首都圏のみ)

株主優待一覧—（1978）23

「会社四季報」巻末にある株主優待についてのページ（一部）
ここをチェックすれば、どの会社がどんな株主優待のメニューを持っているかが分かる。結構魅力的な株主優待メニューを用意している企業もある買によって利益を得た場合、原則として確定申告が必要になったということだ。これに伴い、税率は26％から20％に下げられた。また投資育成の観点から、平成15年1月から19年12月末までの5年間は、税率が10％（所得税7％、地方税3％）に軽減されている。

「原則的に」確定申告が必要と言ったのは、新税制で導入された特定口座（個人投資家が証券会社でこの口座を開き、売買を行った場合、証券会社が年間の売買損益を計算してくれる制度）を利用、さらに税の徴収に関して源泉徴収を選択すれば、確定申告は不要となり、実質的に従来の源泉分離と同様の手間要らずとなるからだ。

この「特定口座＋源泉徴収」は投資家には大変便利とも言えるが、この方式を選択した場合、同様に新税制でスタートした優遇税制（株を売却して生じた損失のうち、その年に控除しきれない金額は翌年以降3年間にわたって株式売買益から追加控除できる、などがある）が利用できないから注意が必要だ（源泉徴収方式を選択しても、別途に確定申告すれば優遇適用は可能）。

一方配当については、総合課税で20％の源泉徴収が行われていたが、軽減措置として平成15年4月から20年3月末までは源泉徴収税率が10％に引き下げられている。預貯金の税率は20％だから、やはり投資育成の立場から、期間限定ながら税制優遇が図られた形だ。

●年末に膨らむ？　節税対策売り

株式投資に関する新税制の大筋は以上だが、個人投資家が投資を行うに当たり、一応念頭に置いていた方がいいと思われることは、損失控除対策売りについてである。

旧税制のときは、ほとんどの投資家が源泉分離課税だったから、あまり意識されなかったが、新税制では申告分離が原則となったことなどから、売却損を年間トータルの売却益から控除する意識が強まっていることは間違いない。だから、たとえば年末近く頃、それまでの取引で利益を出している投資家は、もし保有株の中でなかなか上がらない、赤字の塩漬け株を持っていた場合、その株を見切り売却して損失を確定。年間トータルとして税の節約を図るという行動に出ることが十分に想定される。赤字売却は悔しいが、自分を説得する一応の説明材料にはなるのである。この意味で、11月、12月頃は低迷株などの「節

●株式投資に関する主な優遇税制

・上場株式の譲渡益について、税率を10％（所得税7％、住民税3％）に軽減。平成20年からは20％
・上場株式を売却して生じた損失は、確定申告をすれば、翌年以降3年間にわたり上場株式の譲渡益から控除できる
・平成13年11月30日～14年12月31日までに購入し、平成15年～16年にわたり保有を継続、さらに平成17年から19年に売却した場合、当初の購入額が1000万円に達するまでの分について、譲渡益が非課税となる
・取得価格が分からない上場株について、平成13年9月30日までに取得したものについては、「みなし取得価額」（平成13年10月1日の終値の80％の金額）を取得価額にできる（平成22年末まで）
・上場株式の配当金の源泉徴収税率を10％に軽減（平成20年3月末まで、以後は税率20％）

税売り」が膨らむケースも想定できる。

この頃は外国人機関投資家にとっても、多くの母国企業の決算期末にあたり、またクリスマス休暇を控え、日本株売りが膨らむことが多い時期である。この点で、日本株市況にとってややネガティブな時期とは言えると思う。個人投資家にとっては、ピンチでもあり、やりようによってはチャンスの時期と言えるのかもしれない。

メモ⑤ お金はなるべく借りない方がいい

金利2倍のオハナシがある。井原西鶴『日本永代蔵』に出てくる。つまり――。

泉州に水間寺という寺があり、寺では1年10割の利子で金を貸していた。つまり今年1銭借りると来年は2銭となり、再来年は4銭となる。

ある時、武蔵の国に住む男が1貫（1000文）を借りてそのままとなった。13年目に現れた男は返済金として8192貫を持参してきた――という物語。

同じ年利10割でも、単利なら13年目の返済額は14貫（1＋1×13）ですむが、複利だと（1＋1）の13乗となり、返済額は8192貫と大幅に上がる。で、西鶴は同書の中で複利で資金が何年で２倍になるか？
計算式　x＝72÷利率
利率が10％の場合、
72÷10＝7.2（年）

「それ世の中に借銀の利息程おそろしき物はなし」と書いている（遠山啓『数学入門　下』岩波新書）。

ちなみに右の記述は、利息繰り入れを年1回にしている。利子繰り入れを間断なく続ける連続複利法では数式は2・71…の13乗となり、返済額はさらに増えて約44万2370貫になる（同書）。どうもピンと来ないが、ともかく怖い話であることは想像がつく。連続複利で金を借りたら、いくら金があっても足りない。

複利で計算し、何年で資金（借金）が倍になるか。正式には対数計算となるが、それは置いといて、簡易計算法がある。それは

χ＝72÷利率

で計算できる。χは倍になる年数、72は定数、利率は％の数値をそのまま置く。

たとえば年利10％だったら、

χ＝72÷10

＝7・2（年）となる。

また複利5％で住宅ローンを1000万円を借りると、

χ＝72÷5

＝14・4年

つまり計算上、約14年半で1000万円の借金は元利合わせて2000万円の借金とな

る。これでも怖い。複利なら、借りるより貸す（稼ぐ）に限る？

メモ⑥ マーケットクイズ「その会社はどこでしょう」

四季報などを見ていると、いろいろな数字、話題が見つかることがある。「マーケットあれこれ」をいくつか、クイズで紹介すると――。

第1問 日本の企業の株式時価総額トップは、どこでしょう

第2問 株主資本比率、100％という企業があります。どの会社？

第3問 上場企業で予想配当利回りが8％を超える企業があります。どこでしょう？

第4問 株主優待の問題です。

①子ども大喜び？「お宝」人気キャラクターのぬいぐるみ等がもらえる会社は？

②時季に応じた自社取り扱い商品を毎月5品も送ってくれる会社は？

③株主に死亡保険をかけてくれる会社がある。その会社は？

④ハイウェイカードを送ってくれる会社は？

［解答］

第1問

これは常識？　そう、日本経団連の会長会社、トヨタ自動車です。時価総額は15兆3000億円。ちなみに2位はＮＴＴドコモで、時価総額9兆5000億円。

第2問

答えはメッツ。ネット技術得意の独立系ソフトハウス。東証マザーズ上場。総資産55億円、株主資本54・98億円と、両者に200万円ばかり差はあるが、四季報で堂々の「株主資本比率100・0％」を達成。おめでとう？

第3問

東証2部のソトーです。05年3月期の予想配当は150円。予想配当利回りは8・75％。同社は毛織物染色の大手。米国のファンドにＴＯＢを仕掛けられて配当を大幅積み上げ。04年3月期には200円配当を実施（その前の期は13円）。同期を含む計3期で合計500円の配当を予定しています。利回りは、銀行の普通預金利息（年0・001％）の実に8750倍！

第4問

①バンプレスト。東証1部。ゲーム機向け景品トップ。バンダイ系。優待内容は自社キャラクター商品（ぬいぐるみなど）の進呈。03年は人気№1の「ピカチュウ」と、「幻の

ポケモン」と人気がある「ジラーチ」のぬいぐるみセットだった。進呈はクリスマスシーズンの12月。子どもを持つ「30代の投資家」ならば、お父さんの株も急騰する？

②キャンドゥ。東証2部。100円ショップ展開。優待は、11月末の権利を取ると、翌年1月～6月までの半年、また5月末の権利を取ると、7月～12月の半年、厳選された自社取り扱い商品が毎月5品ずつ届く。何が来るかは、来てのお楽しみとか。

③アドバンスクリエイト。ヘラクレス上場。なるほど、事業は生損保の通信販売代理店。優待は、1年契約の普通死亡傷害保険。

④日本乾溜工業。福岡証券取引所上場。おコメ券、図書券、グルメ券は時々あるが、ハイウェイカードは珍しい。事業内容を見ると、交通安全施設工事、建設資材販売などが中心で、まあナットクか。

（数字、内容はいずれも2004年8月現在）

5章 常識に徹する投資術

株投資では“普通”でいることが難しい

「よい投資とは確かに常識に過ぎない。しかし、常識を持っている人がほとんどいないということは驚きだ」

（ジェームス・B・ロジャース『マーケットの魔術師』より）

1 時価総額で見るフシギ――新スタートの東急建設の〝怪〟

●いろいろ事情もあるようですが……

投資をしていて、ときどき不思議に思うことがある。企業の実力と、時価総額に関わる「フシギ」である。

時価総額とは、ある企業の時々の株価に発行済み株式数を掛けたものだ。言うならば、その時点での企業価値を表す。机上の計算の話だが、どこかの会社を買収したいと思ったら、時価総額分の資金を用意すれば、理論上その会社をまるごと買収できる。

さて振り返って、日本市場。私から見て常識的な企業価値と、市場が与えた企業価値のアンバランスを感じることがある。典型的なのが東急建設のケースだ。

名前の通り、同社は東急グループの建設会社。旧東急建設は過大債務などで経営不振に陥り、2003年10月に新旧分離。新社は建設事業のみ引き継ぐ形で再スタートした。04年3月期（半期決算）の売り上げ1864億円、最終損益385億円の赤字。05年3月期予想は売り上げ2990億円、最終利益52億円。グループの金融支援などを得て、なんと

〈時価総額のフシギ〉
東急建設→経営不振から新旧分離
時価総額＝5165億円
清水建設3251億円、鹿島3605億円、
大成建設3386億円

か最終黒字浮上を目指している。

　この会社、過大な発行済み株式数と少ない流通株数（浮動株は１％程度）のアンバランスなど、いろいろテクニカルな事情があるようだが、新社スタート後に株価は急騰。一時は最高値１７３０円をつけた（03年11月）。この株価に発行済み株式数を掛けた時価総額は１兆６２１５億円という、何と言うか、めまいのするような金額となる。大幅下落した昨今の株価（１株５５１円、04年６月３日終値）で計算しても５１６５億円である。

　これに対して、他の大手建設会社はどうか。業界３強の清水建設（05年３月期連結の予想売上高１兆４８００億円、予想最終益１５０億円）の時価総額は３２５１億円（６月３日終値換算）、鹿島（同１兆５８００億円、同１２０億円）は３６０５億円、大成建設（同１兆５６００億円、同１８０億円）は３３８６億円。つまり東急建設の企業価値は、大手３社いずれに対しても、１・５倍前後の価値を市場で公認されている状況なのである。

　これについて「文句ある？」と聞かれれば、とりあえず「ありません」と答えるしかない。市場において当事者がつけた、公認された価格であるから。ただ、一言いわせていただくと「やはり、フシギ」。

2 分割銘柄人気の常識、非常識

――ライブドアの急成長で思うこと

●現代の錬金術……？

ちょっと不思議ついでに、もう一つの個人的な「フシギ」を言うと、分割銘柄の異常人気がある。数年前まではそれほど目立たなかったように思うが、昨今はやたらと派手な動きなのである。

たとえば、２００４年6月22日付の新聞に株式分割と出たマースエンジニアリング（7月末割当で1株を2株に分割）とCVSベイエリア（8月末割当で1株を3株に分割）。両株は同日、ともにストップ高となった。とくにCVSベイエリアは買い１０９万４００0株に対し、売りは８０００株だけ。前日比１００円高、株価は９８０円ストップ高気配値で比例配分も行われず、結局売買の約定はならなかった。猛烈な買いの殺到ぶりである。この2銘柄だけではない。すでに6月末分割を発表している銘柄は、昭栄が5連騰、キヤノンソフトが４日連続ストップ高を演じた。「分割銘柄→上げ」はほぼ定着、常識化しているようだ。

〈ライブドアの分割〉
03年の時価総額42億円
その後、3度の分割を経て時価総額は5580億円に。実に1年3カ月で133倍に。

分割について簡単に説明すると、1株を数株に分け、発行済み株式数を増やすことだ。たとえば1株→2株の分割の場合、保有株数が1000株なら、分割後は2000株になる。ただし、株数が2倍になった分、株価（あるいは株式価値）は理論的には半分に修正されるから、分割の前後で資産価値は変わらないというのが基本。ただこの理屈はともかく、分割発表後の値動きは投資家の思惑を映して動きが激しくなりがちだ。

分割を行うことで、「成長企業の証《あかし》」として再評価されたり、売買単価が下がり流動性が増すなどのプラス効果がある一方、1株利益の希薄化というマイナス面も指摘される。また新株が発行されるまでの約2カ月間、需給がタイトになり、一時的には株価が上がりやすいという実態もある。このところ分割銘柄は、成長性や一時的ながら需給の逼迫効果が強調され、投資家の関心を呼び、急騰する銘柄が目立ち、ちょっとした過熱状態となっている。

こうした分割ブームのトップランナーは、やはりライブドア（旧エッジ、オン・ザ・エッヂ）だろうと思う。

2003年の安値は3月につけた9万8500円。当時の発行済み株式数は4・3万株だから、時価総額は42億円あまりだった。この後、同社は03年8月に1株→10株の分割、04年2月には1株→100株を実施。さらに同6月にはさらに1株→10株の分割という連続攻勢で、時価総額はいつの間にか5580億円（6月30日現在）にまで急膨張した。1

年3カ月で133倍。この間04年春に増資も行って約350億円を調達、中堅証券の日本グローバル証券（それで社名も、ライブドア証券に変更）なども傘下にした。分割もテコにした急成長の実現。この会社の経営者はやり手ということなのだろう。多分、錬金術師、マジシャンなどではないと思う。

ブームの申し子というか、仕掛け人というか。凡人はもうひたすらビックリするしかないが、株価（時価総額）の上げっぷりは尋常ではない。成長性があると言っても、5000億円を超える時価総額に対し、04年9月期の予想売り上げ規模250億円、同純利益20億円である（まあ、別に、時価総額が売上高の20倍でもいいんだけどね）。四季報によると同社の連結予想1株利益3・3円に対して株価920円（6月末）で、PERは280倍近い。軽い値動きがウケて個人投資家の間に「ファン」も多いみたいだが、良くも悪くも曲芸を演じているような銘柄である。いずれにしても、PERの数値は常識的なレベルを超えて、一般的には非常識の域に入っている。

3 エクイティファイナンスは「売り」——長谷工とオリコの場合

〈エクイティファイナンスの功罪〉
企業にとっては金利負担ゼロの資金調達、
株主にとっては１株利益の希薄化

●１株利益の希薄化

株式数が増えることは同じだが、新興企業の分割は人気過熱の一方で、再建企業のエクイティファイナンス（新株発行を伴う資金調達）には厳しいのが昨今の市場だ。

たとえば長谷工とオリエントコーポレーションは、転換社債型新株予約権付社債（ＣＢ）の発行を発表した。発行額は長谷工が３００億円、オリコが２００億円。いずれも第三者割当の形で、長谷工分は大和証券などが、オリコ分は野村証券が全額引き受ける。満期はいずれも２００６年。利率はゼロ。当初転換価格は長谷工が３１０円、オリコが３６８円。この転換価格でＣＢがすべて株式に転換された場合、発行済み株式数は長谷工で30％、オリコで８％程度増えるという。資金は、長谷工はマンション用地の取得などの資金に、オリコは運転資金に充てる予定とか。

エクイティファイナンスは、企業にとっては金利負担がほぼゼロの資金調達で財務的にメリットがある一方で、発行株数が増えることで１株利益の希薄化につながる（つまり、一般的には既存株主にはデメリットとなる）。

市場には警戒感も強く、発表翌日、長谷工は前日比24円安の２７１円、オリコは16円安の３３４円と、ともに大幅に値を下げた。

既存株主にとっては痛い結果である。これゆえ、両社には中期的に調達資金で利益を上げ、企業価値を高めていただかなくてはならぬ。これは株主に対して、義務とも言える。

両社の経営陣にこうした覚悟はおありかな？

4　伝統だけでは生き残れない――ある名門の凋落について

●佐藤秀の場合

名門の建設会社である佐藤秀（ジャスダック上場）が04年6月、東京地裁に民事再生手続きを申請、自力再建を断念した。負債総額は子会社分を含め428億円。新聞報道を見たとき、驚きの一方で、ついに来たかという思いもあり、複雑な感じだった。

佐藤秀は高級住宅の建設で多くの実績があり、技術力で定評がある中堅建設会社。戦前から財閥系有力者の自宅を設計・施工したり、日光プリンスホテルを建築したりしていた。ジャスダック（店頭市場）登録は1988年10月。上場後の高値は90年の1万9500円がある。1980年代後半のバブル時に業容を拡大したが、そのバブルが弾けるとともに不動産投資などに関わる過大な借金が負担となり財務が悪化、長いこと苦しい経営が続いていた。

私も同社株を購入したことがある。1997年秋のことだ。同社技術力への期待、また

2万円近い高値から大幅に株価が下がっていたため購入した。購入価格は179円だった。そのころ同社の破綻はないだろうと考えていた。

購入後、同社株は市況悪もあって、私の期待通りにはなかなか動かず、低迷が続いた。それでもごくまれに賑わうこともあり、どうした事情か、売買株数が急増した際、多少の利益を得て売却した。利益を上げたのだから、同社への投資は結果的に成功したと言える。

その後、かつて持っていた株のため、注目はしていたが、同社の将来性に多少疑念もあったため、再度購入することはしなかった。2004年には300円近くまでなった時もあり、なんとか危機は脱したのかな、と思っていた時期もあった。

同社は結局、事実上の破綻という結果となった。持っていた投資家は無念ということだと思う。四季報などを見ると、たとえば04年3月期の連結売上高が305億円に対し、有利子負債は324億円ある。最終益が数億円レベルの同社にとって、借り入れ負担があまりにも過大すぎたということなのだろう。民事再生手続き申請の際も、同社幹部がこうした反省・悔恨を述べておられたようであった。

同社のホームページには、6月11日付けで民事再生手続き申請のお知らせがアップされている。このわずか半月前の5月24日付けで、同社を創業した名建築家、故佐藤秀三氏が1939年（昭和14年）に設計・施工した旧住友家俣野別邸（神奈川県横浜市戸塚区）が、国の重要文化財の指定を受けたことがニュースリリースとして誇らしくアップされている。

皮肉な2つの「お知らせ」の並載である。名門の会社をこうした事態に陥らせた歴代会社幹部の責任は重大だが、それはともかく、関係者の無念さを想像すると、いかばかりかとの思いもある。

技術、あるいは輝かしい伝統だけでは生き残れない厳しい昨今である。会社にとっても、投資家にとっても、大きな教訓と思う。

5 鉄鋼、海運など、まだ割安？——ＰＥＲを見る

●業種別ＰＥＲ比較

日経が東証1部業種別のＰＥＲを掲載していた（6月16日現在、日経500種採用銘柄対象）。これによると、最も低いのが繊維で6・5倍。さらに海運10・2倍、電力13・8倍と続き、最後、つまり最も割高なのはサービスで34・0倍。全体の平均は18・9倍（上の表参照）。

繊維が飛び抜けて低いのは、カネボウ（ＰＥＲは

●業種別のＰＥＲ
（単位＝倍、対象は日経500種採用銘柄、予想ベース、04年6月16日現在、日経調べ）

繊維	6・5	化学	20・5
海運	10・2	ゴム	20・8

電力	13・8	建設	21・4
ガス	14・0	陸運	21・7
自動車	14・0	窯業	21・7
通信	14・4	その他製造	21・7
鉄鋼	14・8	食品	22・8
石油	16・3	不動産	23・4
水産	16・4	電気機器	24・1
パルプ・紙	16・6	造船	24・1
その他金融	17・2	小売	24・1
輸送用機器	17・5	空運	24・4
商社	17・8	鉱業	24・8
銀行	17・9	鉄道・バス	26・1
機械	18・5	倉庫	27・4
精密機器	18・8	保険	29・8
非鉄・金属	19・0	サービス	34・0
証券	19・5	東証1部全体	18・9
医薬品	19・8		

0・1倍）の影響が大きいという。また前年来、海運や鉄鋼の株価が急騰したが、この結果を見る限り、まだまだ割安感を残している（まあ、肝腎なのは個別銘柄の状況ではあるが）。一方で、倉庫、鉱業、不動産のPERはやや高め。私もこの業種でいくつかウオッチしている銘柄があるが、この結果と同様、やや割高かなという印象を持っていた。

　ただ全体的に低め、とは言える。以前PERは、東証1部全体で20倍台前半だったことが多かったと思う。企業業績が改善している一方、株価は伸び悩んでいる結果である。私はずっとPER10倍台は割安と考えてきたが、このレベルをもう少し下げた方がいいかな？

6 人材派遣会社、どこが注目？
――割安感か、成長性か、悩ましい選択

●好みはフジスタッフ

新聞にジャスダック上場の人材派遣会社5社の2005年3月期連結業績見込み一覧が出ていた。人材派遣業種は、企業が不足する人材補充のため利用するケースが増えており、私も中期的には投資対象として面白いと思っている業種である。取り上げていたのは、フジスタッフ、インテリジェンス、ピープルスタッフ、パソナテック、クリエアナブキ。

概算の数字は左の表の通り。売上高トップはフジスタッフだが、経常利益は2倍以上の差を付けてインテリがトップ。伸び率も同社が高い。クリエは先行投資負担で減益見込みだ。

投資先として、どの社を買うか。常識的にはインテリが一番好ましい。投資では企業の勢いが肝腎だからだ。

ところで私が投資先を考慮するとき見るのが、時価総額である。各社を時価で換算すると（6月28日終値）、フジが111億円（株価928円）、インテリが538億円（同22・

●人材派遣会社の05年業績見通し

	売上高	経常利益
フジスタッフ	396億円(12%)	8・2億円(0%)
インテリ	325億円(13%)	18・6億円(51%)
ピープル	237億円(17%)	6・2億円(5%)
パソナテク	88億円(15%)	4・3億円(29%)
クリエ	62億円(7%)	0・9億円(▲46%)

(カッコ内は前期比増減率)

4万円)、ピープルが94億円(同52万円)、パソナテクが159億円(177万円)、クリエが23億円(57・5万円)。

投資先選びには、時価総額の他、勢い(売上、利益の伸び率)、株価のレベル状況(初値との比較、最近1~3年間程度の株価の推移など)、業績の内容などを検討するわけだが、最終的に何を重視するかは、これはもう各人の好みとしか言いようがない。

〈投資先選びの基準〉
- 時価総額
- 勢い(売上、利益)
- 株価のレベル状況
- 企業の業績 etc

私はと言うと、1・5倍の株価になるのはどれが一番早いか、などと考える(もし買ったならば、この水準で売りを考えるからだ)。そして割安感を重視したい趣味である。だから、インテリは勢いは魅力的だが、買いにくい(株価レベルが高すぎる)。好みとしては、フジスタッフであろうか。次がピープル。地盤が、今元気な東海地区というのも支援材料である。

7 参考になる投資哲学・投資手法――いくつもの教訓

●「日本一の大投資家」の言葉

『日本一の大投資家が語る　大貧民ゲームの勝ち抜け方』（水澤潤、自由国民社）を読む。登場するのは竹田和平さんという投資家。竹田さんは愛知県の製菓会社の社長さん。長く株式投資を行い、現在はＣＢＣ中部日本放送など上場企業約70社の大株主となっている。

最近はちょっとした竹田さんブームで、雑誌やラジオなどで取り上げているのが目立つ。竹田さんを紹介する本もいくつか出ているが、この本が最初という印象がある。

投資法は単純、明解。参考にするのは「会社四季報」程度。小難しい理論書などは興味ないらしい。見るのは現在の財務の数字だけ。「会社の未来なんて、経営者自身にだってわからないのですからね。そんな予想の数字とか…ほとんど意味がないとぼくは思っています。確実なのは、今現在の財務の数字だけです。もしも粉飾さえしていなければですが」と竹田さん。クールである。竹田さん自身経営者であるゆえに、面白く聞こえる。

以前は大手企業中心の投資だったが、山一証券の破綻を契機に投資先を大きく変える

（竹田さんは同社の個人筆頭株主だった）。経営実態は優良なのに、市場から見放された中堅企業を集中的に拾い集める方針に転換した。「頑張っている会社を応援したいと思ったのです。…大旦那として、経営者を褒めて感謝して元気づけてあげるのが、ぼくの仕事だと思っています」

竹田さんの投資は、配当を重視するのも特徴の一つ。配当を抑えて内部留保を厚くする日本の経営者の常識は「間違いだ」と言い切る。「上場しているのはなぜか。そのことを考えれば、答えは自ずから分かるはずです。会社が上場しているのは、市場から資金を調達するためです。…（そして）この会社に投資すれば、きっと手厚く報いてくれると思うからこそ、投資家は自分のお金を投資してくれるのです。…内部留保という美名に隠れて株主に還元しないのでは、そんな会社の株価が上がらないのは当然です」

いつもニコニコしていて、基本的に優しそうな竹田さんだが、時には経営者に対して手厳しい話もするらしい。会社を立て直せない経営者には「あなたは経営とは違うことをしていた方が楽しいのではありませんか」と聞いたりする。配当についても、「あなたは人様のお金を預かっているのですよ。自分には役員報酬を払って、相手には払わないということは、なかなか通るものではありませんよ」と。まことにその通りと思う。

●松井社長が岳父から学んだこと

株価下落が続いている。日経平均は1万1140・57円。少し前まで株式分割銘柄を中心にハイペースの上げを演じてきた新興市場株の下落がややきつい。PER200倍前後を買っていたのだから、仕方なしの感もあるが。

夜、インターネットのサイトを見ていたら、その新興市場株などで赤字を出し、「年間の許容赤字上限を上回った」として、投資は「当分休止」と宣言している投資家の方がいた。マネックス・ビーンズ・ホールディングス株の下落で「ダメ押しをされた」と。調べると、一時20万円前後にまで上げていた同株は、13万8000円まで下げていた。新興市場株は上げも急だが、下げも早い。厳しい話である。いずれにせよ、うまくいかないときもある。そんなときは、まず冷静になることが大切と思う。一時休止も一つの手なのだろう。ただ、私は投資は細くしても続けたいというのが基本姿勢である。ともかく居残る。我慢する。このためにも、日頃から無理をしない投資を心掛けることが肝要かなと、改めて思う。

松井証券の松井道夫社長が岳父から教えられた投資の極意として、「勝つまでやる。勝ったらやめる」を紹介しながら、「でも、普通は負けるまでやって、負けたらやめるんですよね」と言っていた。耳に痛い言葉である。とりあえず投資家として、「強い人」はともかく、「打たれ強い人」でありたいと思う。

〈ソフトバンク・インベストメント購入〉
04年3月期の売上高354億円、最終利益43億円、05年3月期の売上高595億円、最終利益115億円と急拡大予想。予想PER 22.4、PBR 5.4倍。よって1株111,000円で購入決定。

●成長性が魅力

ソフトバンク・インベストメント（ＳＢＩ）を1株、11万１０００円で購入。1株のみ買ったのは、口座に残金があったから。この価格で、1株のみ買える資金。購入の結果、口座残金は２５２円となった。気の利いた投資家ならば、今後の波乱も想定して、もう少々資金を口座に残して置くところかなとも思う。ギリギリまで買う私。まったく反省がない。

ＳＢＩは、ソフトバンクグループの金融・投資事業会社。傘下にイー・トレード証券やファイナンス・オールを持つ。業績は04年3月期が売上高３５４億円、最終利益43億円に対し、05年3月期は売上高５９５億円、最終利益１１５億円と急拡大予想。予想ＰＥＲは22・4、ＰＢＲは５・４倍。８月11日に1↓3株の分割を予定している。

２００３年安値（３万９９５０円、３月。この後1↓3株の分割を実施）から大幅上昇しており（今年の高値は15万円）、またＰＢＲの観点から割高とも言えなくはないが、成長性が魅力で購入した。さて、今後どうなることか。

このＳＢＩ購入と直接は関係ないが、最近私がよく思い浮かべている戯れ歌がある。それは、

「下げてよし　上がってよしの　株価かな」

というもの。確か、先に触れた投資家、竹田和平さんの本で見かけたものだ。いかにも自

とは思う。

然体の句意が望ましい。なかなか実際にはこう浮き世離れとはいかないが、こうありたい

●すずめの手法

東証1部値上がり率上位ランキングを見ていたら、2位に三菱自動車が入っていた。先週末比7円高の終値87円。とりあえず本日は頑張っているようである。

度重なるリコール隠しと、欠陥による事故の隠蔽。ダイムラークライスラーグループからの三行半。そして、日本国内の販売不振と米国巨額赤字。本来ならば存続も危ぶまれる状況ではあるが、三菱グループ挙げての支援でなんとか息をしている状況である。多分「三菱」のメンツもあるから生き残るのであろうが、私には手が出ない銘柄である。

この株を20万株近く持っている投資家の方を、インターネット上で見たことがある。確か（あまり詳しいことは知らない）130円ぐらいから買い出し、株価が下げるに従いナンピン（難平と書く。持ち株が値下がりした時、安い株価で株を買い増し、平均コストを下げること）を重ね、「負けるものか」とばかり買いを重ね（多分）、結果として保有は最大20万株近くになった。含み損は最大で一時600万円を超えていたようだから、ちょっとにぎやかに取引をされていた。

この方の売買で（といっても、私が可能なのはインターネットサイト上の投資日記を読

むことぐらいだが）感心したことが2つあった。一つは、この方が（女性、主婦のようである）含み損を重ねても大変明るいことだ。多額の含み損にもまったくマケテいない。ある種、あっけらかんとしている。「いずれ、上げに転じるかしら。連日の急騰、急騰ってなことになったりして…」なんて調子（最安値ごろの話だ）。失礼な言い方をするとやや軽い、危うい印象も正直あるが、ともあれ、この明るい前向き思考は、貴重であると思う。

もう一つ、感心した（というか、なるほどなあと思った）ことは、多少の利益が出る株（玉）があった場合、その分はさっさと売却、細かいながらも素早く利益を積み上げていることだ。持ち株の平均コストを考えて、「売却はいくら以上になってから…」なんてことは、あまり考えないみたい。私とは手法は異なるが、それはそれ。テキながら（別にテキではないけれど）アッパレと感じる部分もある。

この売買手法を見ていて、『マーケットの魔術師』（パンローリング）で紹介している投資家、マーク・ワインスタインの述懐を思い出した。

彼曰く。

「僕が自宅でトレードしている時、時々庭ですずめを見ることがある。パンくずをあげるんだけど、彼らは一度にいつもひとかけらだけ食わえて飛んで行く。その後またひとかけら食わえるために戻ってくる。鳩が一度に食わえて行く分を何百回に分けて持って行く。だから早すぎて決してすずめを撃つことはできない。そこが鳩とは違うところなんだ」

ワインスタインは、こうしたすずめの餌取りのスタイルについて、「僕のデイトレードと同じ」と言う。

この女性の投資手法を見ていて、この方も「すずめ流」なのかなと、ふと思ったのである。

いずれにせよ、「これが唯一」という必勝法はない。勝ち方も、そして負け方も、人さまざまだ。投資家は自分に合ったやり方を守っていけばいいのだと思う。

●欽ちゃんの「はす向かいのラーメン屋」論

ずっと以前新聞で、コメディアンの萩本欽一さん（あの、欽ちゃん、だ）が、「世間の常識と逆の発想でお金を使うと、人との付き合いにもユーモアが生まれる。…お金はいつも洒落心を持って使っていたいんだ」と言っていたのを読んで印象に残った。先日も日経の土曜版「食の履歴書」でその萩本さんが登場、同様の話をしており、大変面白く読んだのである。

駆け出しの、金のない時代。萩本さんは月曜がかけうどん25円、火曜がアジフライ定食70円（ちょっとぜいたくをしたそうだ）、水・木曜は1個10円のコロッケ2つ…という具合で、毎週毎週判で押したように同じ物を食べていた。当然これでは足らず、若い萩本さんは腹が減る。萩本さんはそんな時はいつも、先輩芸人を「よいしょ」して、小遣いや食べ物の分け前にありついていた。先輩の洗濯物を洗ったり、荷物を持ったり。そうすると、先輩の中には「出前取るけど、坊主も食うか」と声をかけてくれる人もいたという。

このあたりは、よくある下積み時代の苦労話かもしれない。しかし、面白いのはこの後、押しも押されぬ国民的なコメディアンになった今の話だ。

萩本さんは仕事で、今も全国を飛び回っている。で、地方でなにか食べたくなると、タクシーに乗り、運転手さんに「この辺で一番おいしいラーメン屋さんに連れて行って」と頼むのだという。そして現地に着いたら、行列ができているような人気店には行かず、そのはす向かいにあるような流行っていないラーメン屋さんに入る。「間違えたんじゃないの？」と驚くオヤジさんに、萩本さんは「いや、おいしいって聞いたよ」なんてトボけて、話を始める。「味よりも、こうしたやりとりが楽しいんだ」と萩本さんは言う。

こういう発想・行動は、簡単そうで、実はなかなかできないものだ。少なくとも私にはまったくできない。さらりと行う萩本さんが大変うらやましい。

さて、ひるがえって投資はどうか。この世界にも「人の行く裏に道あり…」と、逆転の発想を教える言葉はある。だが、表通りの、行列のできている、にぎやかな株式ラーメン屋さんについ気が向き、なかなかはす向かいの店には入れない。自分なりに注意はしているつもりだけど。

8　株価下落の際、気持ちの支えになるもの——覚悟のあるなしは大きい

●インタビューで答え忘れていたこと

『ジャパニーズ インベスター』（略称ＪＩ）という季刊の雑誌がある。企業に対しては、ＩＲ（Investor Relations、投資家向け広報活動）支援として企業情報公開の場を提供、また投資家に対しては投資情報の提供を行っている。宝印刷の子会社であるフィナンシャルメディア社が編集・発行し、登録した個人投資家へ直接送付しているほか、配布協力先である全国の証券会社、信託銀行、あるいは生命保険会社の店頭で入手することができるという（無料）。

株式投資に関する最初の本（前著『会社を辞めて株で生きるボクは１０２勝22敗』）を出した後、「インタビューを」という依頼をいただいた。投資の本など、毎月毎週いろいろ出ている。「どうして私に？」と、連絡をしてきた編集者の方にうかがうと、評論家などではなく、個人投資家の立場で書いており、この点が雑誌の編集方針に沿っていること、またとくに日記編を読むと投資に関するいろいろな苦心が伝わって来るため、この点に関

心を持った、とのことだった。「苦心ぶりを評価」というのは微苦笑を禁じえないが（可能ならば、投資上の苦労など味わいたくないのである）、関心を持っていただいたということは嬉しいことなのでインタビューをお受けすることにした。

数日経って、編集者の方がカメラマンさんとともに訪れた。取材では、最初のお話のように、投資テクニック的な部分より、個人投資家としての心情的な部分の方が興味があるように見えた。

「中長期投資主義ということですが、デイトレードとか、1～2日程度の短期で売買して利益を得ようと思ったことはないですか」と問われた。私は結果的に短期で売買したことはあるが、最初からそうした超短期売買をめざしたことはない旨、お話しした。また、「株価が大幅下落して、不安なときもあったと思います。こんなときに支えになったものはなんですか」とも問われた。

私は「うーん」と考えながらも、「本だと思います。バフェットとか、ピーター・リンチとか、優れた投資家の優れた投資法は、大変私の励みになりました」と答えた。

この回答。ウソや間違いではないのだが、少し物足りないなと、実は取材の時から脳裏に残っていた。何か、言い残しているという思いである。その後、このことをずっと考えていたのだが、しばらくして不足していたのは自分の心の持ち様（準備）の部分ではないかと思ったのである。

株価が大幅に下落などした際に、なにが支えになったか。JI誌の取材に補足をさせていただくと、それは「覚悟している」ということであった。なんの覚悟か。つまり、投資を行う以上、最悪のケースでは投資資金のすべてを失うという覚悟である。この覚悟があるからこそ、株価が3割、4割下げても、「まだ7割、6割残っている」と安心(?)できる。また、だからこそ借金投資(信用取引)はしない。「ゼロになる」覚悟はあるが、「マイナスになる(投資額以上の赤字を作る)」覚悟はないのである。

もちろん実際には分散投資もしており、「すべてゼロになる」可能性はかなり低いとは思うが、この覚悟があればこそ、以前も今も、株価下落の精神的負担を和らげることができていると、私は思っている。

9 どんな株に注目しているか——新興市場への関心

●新興株投資について

今、投資手法について考えていることがある。何かというと、ジャスダックやマザーズなどに上場する新興企業への投資についてである。

〈最近ウォッチしている会社〉
ファイナンス・オール（金融商品の比較・見積もりサイト）、セントケア（介護サービス）、オプト（ネット広告）

今までは東証1部、あるいは同2部に上場する低位、大型株を中心に投資を行ってきた。つまり実績のある、堅実な企業である。この投資法について、これまでそれなりに利益も得られており、大きく見直するつもりは毛頭ないが、最近はもう少し幅を広げることも必要かな、という感じも持っている。

なぜか、というと、新興企業はやはり生きがいいのである。結果として、株価の伸びもいい。もちろん超割高を買うリスクもあるし、何かの事情で大幅下落するリスクもあるわけだが、こうした可能性を考慮しても魅力ある銘柄が出ている。

最近ウオッチしている銘柄で言うと、たとえばヘラクレス市場のファイナンス・オール。金融商品の比較・見積もりサイトを運営している企業だが、ネット活用した住宅ローン事業も行っている。連結売り上げは2002年9月期が56億円、03年9月期が76億円、04年9月が100億円見込みと順調に拡大している。株価は、04年の安値9万7000円（2月）に対し、現在（7月13日）は42万3000円だ。

また同社の親会社でもあるソフトバンク・インベストメント（こちらは東証1部）。名前の通りソフトバンクグループの金融事業中核会社。04年安値8万6600円に対し、現在値は12万5000円。

あるいはジャスダックのセントケア。介護サービスの会社。年々、売り上げ、利益とも順調に拡大している。財務もしっかりしており、数字から見ても、同社のマネジメントの手堅さがうかがえるのである。株価は45万円程。あともう一つ挙げると、ネット広告のオプト（ジャスダック）。取引規模拡大で売り上げも順調に伸ばしている。03年12月期売り上げ43億円に対し、04年は80億円の見込み。株価は60万円程——といった具合。銘柄により伸びは異なるが、どの企業も勢いがある。

すぐに現在価格で買おうとは思わないが（やはり高すぎると思う）、こうした新興企業の勢いを自分の投資に生かすべきではないか、という反省である（何を今さら、という方もいらっしゃるだろう）。リスクとのバランスであるが。

●インボイスという会社

インボイスという企業がある。東証2部。名前（invoice）の通り、「送り状（請求書）」に関係する企業。企業に送られる市内・市外電話、国際電話、携帯電話などの請求を一つにまとめ、支払業務を簡素化するサービスを展開している。新しいサービスだが、その最大手（ほかに、この種のサービスを展開している企業、いくつあるのだろうか）。業績も04年3月期売り上げ499億円、05年3月期は610億円見込みと順調に成長している。

インボイスは、株主還元に積極的なことでも知られている。04年3月期は1株利益1038円に対し、記念配を含め964円を配当。さらに配当性向100％を表明して、05年3月期は予想1株利益128円に対し、128円を予定している。

また、株主を対象にしたストックオプション（新株予約権）も付与予定だ。ストックオプションの付与というと、役員や社員などの関係者向けというのが「常識」だったが、同社はすでに顧客向けは実施済み。「会社が成長しているのは、顧客や株主のお陰だから」というのが理由らしい（ただここで一つ注意したいのは、全株主に対するストックオプションは、一方で会社側からすると効率のいい？　増資・巨額資金調達という一面もあることである）。

投資家が喜ぶ株式分割も02年2月の上場後、これまで3回すでに実施している。とくに後の2回は1株→21株（03年11月）、1株→11株（04年6月）と、妙にはんぱな形で行い話題を集めた。理由について、「1株→10株の分割だと、9株分の株券を作らないといけないが、1株→11株の分割ならば、10株券1枚作ればすむ。単にコストの問題」と言う。

大幅分割もあり、同社株人気は過熱気味だ。03年の安値は14万円（3月）だが、同年の高値は分割後の18万7０００円（10月。分割を考慮すると3月安値の何と28倍だ）。さらに1株→11株分割後の現在の株価は3万9６００円（04年8月9日）。03年3月当時の1株は現在２３１株になっている計算だから、この間の上昇幅は65倍強にもなっているわけ。この急上昇の結果、ＰＥＲは３００倍を超える超ど級の割高銘柄ということになる。市場はこれを飲み込んで売買が行われている。

03年春以降に同社株を購入した投資家は、大幅な株価上昇を勝ち取った。投資先選考の鑑定眼と多少の度胸の賜物であろう。で、今（04年夏）以降、同社株を購入する投資家が、彼らと同様、成果を得られるか。これは、当然分からない。私なりにいろいろイメージはあるが、03年春も投資家だったものの同社株を買わなかった私が、また今ごろお節介なコメントをするのは止した方がいいだろう。リスクを担う各投資家が、真剣に考えればいいことである。

●買えれば買いたい、証券株

原油高などで株式市況は低迷。最近ズルズルと下げている。動かず。というか、動けず。で、銘柄研究を。

最近「安いかな」と感じているのが、証券株だ。証券株は市況がいいと急騰し、悪いと急落しがちというクセがあるように見える。この経験則通り、昨今は大いに下げている。

狙うのは私の場合は野村、日興といった大手ではない。中堅の中低位株（より値動きがいい感じがあるためだ）。さらに有利子負債が少なく、ＰＥＲが割安のもの。とりあえず選んで、チェックしているのが表の6銘柄。現在の株価、予想ＰＥＲは表の通りである。

●注目の銘柄（証券会社編）

銘柄	株価	PER
・東洋証券	346円	5.7
・東海東京証券	286円	6.7
・水戸証券	327円	8.6
・ＳＭＢＣフレンド	663円	12.9
・ＳＢＩ	4万1600円	25.2
・高木証券	276円	7.7

ＳＭＢＣは２８０円ぐらいの時から注目していたが、ずっと買えずにいる（これからも買えない？）。ＳＢＩ（ソフトバンク・インベストメント）は03年初めごろから何となく気にしていた（気にはしていたが、たぶん本気で買おうとは思っていなかった）。当時ずいぶん安かったが、結局やはり買わず、以後急騰した。東海東京は実際に買って、利益を得た。

現状で魅力的なのはどこか。好みでは、東海東京と高木証券か。買えれば（資金があれば）、すぐにでも買いたい感じ。ＳＢＩはＰＥＲでは割安とは言えないが、成長期待。同社株、資金が残っていたので、遅ればせながら先日１株買った。直後１株→３株の分割を行い、表の株価に。現在、かすかに利益。

10　人はなぜ高値で買いたがるのか——投資家の不思議な心理

●いくらでも安くなるのに……

今に始まったことではもちろんまったくないが、株価は上がったり下がったり忙しい。

昨日（７月27日）まで日経平均は４日続落で、２カ月ぶりに１万１１００円を割り込んだ

（終値1万1031・54円）。本日は米国株式の上昇を受けて、一転反発の動き。日経平均終値は前日比172・83円高の1万1204・37円。人気銘柄も、たとえばヤフーが前日比3万4000円高の89万9000円、ジャスダックの楽天が同2万6000円高の69万8000円と、弱気一色だった昨日と違い、威勢がいい。

何度も考え、自ら反省もしていることだが、株などいくらでも安くなる時期があるのにどうして投資家は性懲りもなく「高く買いたがる」のだろうか。なにかいい情報がある、あるいは一時的にムードがいいと、一斉に買いに走る。高値でも買う。何がなんでも買う。逆に悪い情報が出ると、安値で売る。何がなんでも売りたがる。赤字でも構わない。

もちろん投資家は損をしたいわけではない。利益を上げたいわけだ。にも関わらず、（多分）合理的でない行動に出る。私を含め、投資家はフカシギな人たちなのである。

こんなことを改めて考えているのは、先日、ある人が『億万長者をめざすバフェットの銘柄選択術』（メアリー・バフェット、デビッド・クラーク、井手正介、中熊靖和訳、日本経済新聞社）という本を貸してくれて、読んでいるからだ。

この本はタイトル通り、バフェットの銘柄選択のテクニックなどを紹介している本。「なぜGMはダメで、コカ・コーラなのか？」とか、「投資力が身に付く画期的入門書」などと帯にある。以前から興味はあったが、読んでいなかった。

途中だが、確かにいい本だ。これで私も投資力がつき、多分これから投資で赤字を出すことはないだろう（本当かね）――。と書くと皮肉に聞こえるかも知れないが、「いい本」と思ったのは本当である。

本によると、市場の短期志向（早く儲けたいという心情）と「悪材料で売る」という投資家の一般的性癖は、バフェットにとって「永遠に途絶えることのない贈り物」なのだという。これを耳にして「バフェットの目は輝き始める」。そして、そのバフェットが買いたいタイプの企業とは――。

学びたいと思う。何度でも忘れ、行動できないから、何度でも学びたいと思う。ほんの少しでも賢くなりたい、という切実な期待を抱いて。

メモ⑦　新興企業の時価総額は？

時価総額当てクイズ。次の「急成長」新興企業と時価総額が同レベルの企業はどこでしょう。左の中から選んで下さい。すべて正解だったら、あなたは株式博士?!（04年8月現在）

第1問　ライブドア＝a

第2問　インボイス＝b
第3問　インデックス＝c
第4問　スパークス・アセット・マネジメント投信＝d
第5問　フィールズ＝e
第6問　フォーサイド・ドット・コム＝f
第7問　サイバーエージェント＝g
第8問　テイクアンドギヴ・ニーズ＝h
第9問　楽天＝i

・選択肢
ファミリーマート、前田建設工業、フジテレビジョン＋テレビ朝日、良品計画、昭和シェル石油、サッポロホールディングス（HD）、北國銀行、住友林業、西濃運輸

・答え
a＝昭和シェル石油
ライブドアの時価総額は3764億円。昭和シェルはロイヤル・ダッチ・シェル系の石油元売り大手。04年12月期連結予想は売り上げ1兆7200億円、経常利益320億円。

b＝ファミリーマート
インボイスの時価総額は３１６６億円。ファミリーマートは伊藤忠系で、コンビニ３位。05年２月期連結予想は営業収入２４４０億円、経常利益３１８億円。

c＝西濃運輸
インデックスの時価総額は１９６４億円。西濃運輸は路線トラック最大手。利益剰余金１６３２億円、有利子負債４９５億円の好財務。05年３月期連結の経常利益予想は２３５億円。

d＝住友林業
スパークスの時価総額は１９０７億円。住友林業は日本最大の山林持ち。住宅の在来工法でトップ。05年３月期連結予想は売り上げ７１４０億円、経常利益２００億円。

e＝北國銀行
フィールズの時価総額は１６６６億円。北國銀行は地銀中位。石川県地盤。堅実経営。05年３月期連結予想は経常収益６８０億円、経常利益65億円。

f＝サッポロHD

フォーサイドの時価総額は1367億円。サッポロHDはサッポロビールの持ち株会社。ビール3位。04年12月期連結予想は売り上げ4770億円、経常利益46億円。

g＝良品計画

サイバーの時価総額は1341億円。良品計画は「無印良品」展開。利益剰余金256億円、有利子負債ゼロの好財務。05年2月期連結予想は売り上げ1282億円、経常利益105億円。

h＝前田建設工業

テイクアンドギヴの時価総額は878億円。前田建設は土木が得意の建設準大手。好財務に定評。05年3月期連結予想は売り上げ4630億円、経常利益90億円。

i＝フジテレビジョン＋テレビ朝日

楽天の時価総額は7957億円。フジテレビはテレビ放送最大手。利益剰余金2528億円、有利子負債24億円の超好財務。フジテレビの時価総額は5867億円。テレビ朝日はANNネットワークのキー局。視聴率4位。時価総額は2020億円。

こうして見ると、「へえ」ってなものもある（ただし、時価総額は時々刻々変化しています。みなさんが本書を読んでいるとき、この結果が「正解」かどうかは、保証の限りではありませんので、悪しからず）。

11 こんな本が参考になる——8冊の本

●私の血肉となった本たち

最後にご参考まで、私の愛読書を紹介したいと思う。株に関する本はいろいろ読んできたが、この中で文字通り座右において折に触れて読み返している本である。まず次の5冊。

・『株でゼロから30億円稼いだ私の投資法』（遠藤四郎、エール出版社）
・『ウォーレン・バフェット　自分を信じるものが勝つ！』（ジャネット・ロウ、平野誠一訳、ダイヤモンド社）
・『ピーター・リンチの株で勝つ』（ピーター・リンチ、三原淳雄、土屋安衛訳、ダイヤモンド社）

・『投資戦略の発想法』（木村剛、講談社）

・『株の原則』（邱永漢、光文社）

「株でゼロから」は、個人投資家である遠藤さんが自らの投資手法を明かした本。私は投資を始めた頃にたまたま読み、大変参考にさせていただいた。低位株投資、持ち株数を増やす、信用取引はしない、中長期投資を目指す、自分で研究する——など、この本から学んだことは多い。

この本、今読むと銘柄選択など、少し時代と合わない部分もあるが、投資手法など今も参考になる部分は少なくないように思える。インターネットの掲示板で、ある投資家が「百万円の価値がある」と熱く語っていたが、投資家のこの本に対する思い入れについて、私はよく理解できるのである。ただし、この本、今は絶版のよう。入手には多少の工夫も要るはずだ。

次の「自分を信じるものが勝つ！」。バフェット本はいろいろ出ているが、私はこの本が一番好きだ。理屈っぽい解説でなく、バフェット本人の言葉がそのまま紹介されている。シンプルで明瞭。そして何よりいいのは、読後感がすっきりしている点である。

「株で勝つ」。ピーター・リンチのこの本は、確かに傑作と思う。多くの方がこの本を「投資家必読の書」としているのがよく分かる。私も賛成。自らの投資について反省したり、点検の意味で、繰り返し読んでいる。

木村さんの本。日経で同氏のマネー学についてのコメントを読み、もっと木村さんの考えを知りたいと思い、この本を購入した。この方、エリートゆえに、文章、考えなど若干ハイソなくさみもあるが、内容は大変参考になった。基本をきっちりと語り、論理を積み重ねているから、文章に自ずから信頼感が醸成される。サブタイトルの「ゆっくり確実に」成果を得ようという主張は、いつも私の頭の中を旋回している。

「株の原則」。この本のオリジナルは1983年に出版されたという。あわただしい株の世界で、異例とも言える長寿本だが、確かに内容は決して古くなく、基本的に今でも十分に通用する。私は古さはほとんど感じなかった。邱さんの語り口は簡単・明瞭（これは大変非凡なことである）。疲れていて読んでも、まったく嫌になることはなかった。だから私は仕事の帰り、電車の中でこの本を何度も繰り返し読んだ。

以上が手元に置いている5冊だが、ほかにも愛読の書がいくつかある。3冊だけ挙げると――。

・『マーケットの魔術師』シリーズ（ジャック・D・シュワッガー、横山直樹他訳、パンローリング）

・『この3年が日本株の勝負どき』（澤上篤人、明日香出版社）
・『敗者のゲーム』（チャールズ・エリス、鹿毛雄二訳、日本経済新聞社）

「魔術師」シリーズ3冊。投資勝者の勝ちパターンがうかがえるという意味で興味深く読んだ。私は寝る前、布団で横になりながら読んだ。

澤上氏の本。やはり投資を始めた頃、この方を知った。長期投資を一貫して訴える姿勢に共感を覚えた。当時、投信の立ち上げで大変ご苦労されていたらしい。今はその「さわかみ投信」も成長、澤上さんもすっかり著名になった。

「敗者のゲーム」。著者は米国の資産運用の分野で指導的な立場にある方だという。前半はプロ向けみたいでややカタい。後半が主に個人投資家向け。「新金融商品に投資してはならない」とか「理論的に株価変動のほとんどは雑音」とか、「鉄則」がなかなか小気味よい。

30代で100万円からはじめる株入門
2004年11月5日　第1版第1刷発行

著者
野田　恭(のだ・きょう)
埼玉県出身。県立高校を経て、早稲田大学法学部入学。卒業後、新聞社に記者として入社。山梨県・甲府支局勤務の後、東京本社へ。その後、日本経済新聞社グループの日経ＢＰ社に移り、経済、ビジネス専門誌などの編集に携わる。そして、自営、フリーランスに。家族は妻に、子供が１男２女。古い時計、陶磁器などを周りに置いて喜んでいる。毎日読むのは、「日本経済新聞」「会社四季報」「会社情報」など。著書に『会社を辞めて株で生きるボクは102勝22敗』がある。

発行
株式会社亜紀書房
101-0051 東京都千代田区神保町 1-32
電話 03(5280)0261　FAX03(5280)0263
ホームページ http://www.akishobo.com
振替 00100-9-144037

印刷・製本
株式会社トライ
ホームページ http://www.try-sky.com/

装丁
石澤義裕

ISBN4-7505-0415-7 C0033 ￥1500E